El Podcast del Imperio del GED®

Recopilación de Episodios de la Temporada 1

Una guía de la **Maestra Ximena** donde, periódicamente, entrega en forma auditiva en su podcast **GEDfacil** (programa de radio por internet bajo demanda) y en forma visual (en su blog www.gedfacil.com/blog) consejos para estudiar, tips para enfrentar el examen, trucos para facilitar el aprendizaje, secretos para lograr metas y docenas de técnicas para evitar el fracaso al momento de tomar el examen de equivalencia al diploma de high school: el GED® (o de cualquier estudio que se quiera emprender).

Ilustrado por Carolina Cornejo
Publicado por

Editor
Antártica Academy
AntarticAcademy@gmail.com
www.gedfacil.com
info@gedfacil.com
1-720-982-0428

Ilustración Carolina Cornejo
©Derechos Reservados

Dedicatoria

Este libro está dirigido a quienes buscan el éxito real y no se dejan embaucar por las soluciones engañosas: rápidas y sin esfuerzo.

Maestra Ximena

Dedicatoria

Todo el que llegó donde está,
tuvo que comenzar donde estaba.

Robert Louis Stevenson
(Novelistas)

Tabla de Contenidos

Introducción

Comencé a crear los podcasts (programas de radio bajo demanda en plataformas por internet) con el objetivo de ayudar a mis estudiantes de las clases de GED®.

Por la falta de tiempo, mi disyuntiva siempre había sido: les doy las clases que corresponden, es decir, avanzando en los tópicos que necesitan dominar para su examen o dedico tiempo a darles consejos de cómo estudiar o cómo enfrentar los exámenes desde el punto de vista sicológico; obviamente, quitándole tiempo a las clases que debía enseñar (de acuerdo al programa de estudio).

Gracias a la tecnología, este dilema lo he resuelto con los podcasts. Ellos me han permitido enfocarme en las materias que debo tratar en cada clase y entregar, periódicamente, consejos para estudiar a través de estos episodios, de tal manera que cada estudiante los pueda escuchar el día que quiera y a la hora que pueda.

El podcast en ningún caso pretende reemplazar las clases, ya sea presenciales o en línea, es solo un complemento a todo el material que entrego, ya sea en el salón o en los videos del aula virtual.

En este libro, he recopilado todos los podcasts que he publicado en la primera temporada. Podrán leer los artículos que he transcrito para ser publicados en mi blog de la web www.gedfacil.com y/o podrán escucharlos como archivos de audio, ya se en el mismo sitio o en este texto, dándole un click en el enlace adjunto a cada episodio o escaneando con el celular el código QR para que los lleve a la plataforma digital. También, los podrán encontrar en Youtube, en el canal GEDfacil.com

El podcast, lo pueden escuchar en más de 20 plataformas de distribución con el nombre de GEDfacil. Algunas de ellas son: Amazon Echo, Apple Podcast (iTune), Blubrryo, CastBox, Deezer, Google Podcasts, Hubhopper, iHeartRadio, Ivoox, Listen Notes, Podchser, Podyssey, RadioPublic, Spreaker, Spotify, Tuneln.

Búsquenlo en su plataforma de podcast favorita y si no lo encuentran, déjenme saber para incorporarlos.

Entonces, mis valientes del GED®, les entrego este libro, esperando que le saquen provecho.

Con esta recopilación de los podcasts de la primera sesión, cierro un ciclo.

Además, les dejo un regalo. Si se van a la siguiente página, encontrarán un Bono de descuento, en caso que aún no hayan tomado ningún curso, para que se animen a iniciar con el primero: Módulo Gramática Nivel 1.

Gracias.

¡ Feliz lectura y Feliz escucha!

¡ Hola: Yo soy Polito...

yo, Arti

y juntos te presentamos esta nueva forma de aprender !

Aquí te dejamos el

BONO

Si has adquirido este libro, te has ganado un 50% de descuento en el curso online inicial de GED®
Módulo Gramática Nivel 1
Escanea el código QR con tu celular

o digita la url de aquí abajo en la barra de búsqueda de internet para que te lleve al aula virtual:
https://gedfacil.teachable.com/courses/ged-modulo-gramatica-nivel-1

Ingresa el siguiente código en el cupón de descuento
LIBROPODCASTS1PA21
y click al botón "aplica" para que obtengas el descuento antes de hacer el pago.

Recomendación

NotiPod-Hoy de **Via Podcast** es el podcast de noticias de habla hispana más importante y más galardonado en los Estados Unidos, dirigido por el Sr. Melvin Rivera V; y en uno de sus episodios recomendó mi podcast, lo cual le agradezco infinitamente.

Les dejo el enlace para que lo escuchen (la recomendación está en el minuto 8).

https://podcasts.apple.com/us/podcast/notipod-hoy/id1335837661?i=1000455949696

Y si quieren subscribirse a su podcast, lo pueden encontrar en Apple Podcast como Notipod-Hoy
podcasts.apple.com

Episodio 1: ¿Cómo motivarte para sacar el GED®? (Secreto#1)

Publicado: Julio 5, 2019.-
Tiempo de audio: 22 minutos.

Audio

Para accesar el audio con tu celular, escanea el código QR de la imagen.

Este es un compendio del primer capítulo de mi libro "Los 7 Secretos para tener éxito en mi GED®". En este artículo voy a revelar el secreto número uno para que tengas éxito en tu GED®.

Una de las razones por las cuales escribí este libro es la constante lucha que realizo diariamente en mi escuela por la procastinación; por una parte, tengo a las personas que nunca toman la decisión de venir a clases, llaman, llaman y llaman, averiguando por los cursos, pero al final nunca llegan a tomarlos;

y por otro lado, tengo a aquellos que se matricularon, pero por diversar "razones" no terminan. Y coloco "razones" entre comillas, porque para mí siguen siendo excusas. En realidad, lo que tratan de hacer es racionalizar sus excusas; para que ellos mismos ni nadie los tache de fracasados o que les digan que son incapaces de cumplir sus metas.

Secreto #1 para tener éxito en tu GED®

El Primer Secreto es la Motivación. ¿Qué es la Motivación? Es el motor que nos mantiene andando, es lo que nos mueve y nos hace avanzar.

El otro día, en uno de los foro online en el que participo, una chica decía que le costaba mucho estudiar para su GED®, se había desmotivado y le había pedido ayuda a su maestra, pero la maestra le dijo que no le podía ayudar. Sintiéndose desolada, buscó soporte en otro lado, por eso llegó a escribir en este foro. La verdad es que la maestra ni nadie le puede ayudar porque la motivación viene desde adentro, viene desde nosotros mismos y si te motivas por agentes externos, es decir, por otras personas, la motivación no es tuya, sigues dependiendo de otros. Si esas personas ya no están a tu lado, tu motivación se hará humo. Lo que tienes que hacer en este caso es buscar en ti mism@ qué te motiva, qué te gusta. Tienes que visualizar tus deseos. Debes cuestionarte: hacia dónde quiere ir, qué quieres hacer.

Semanas atrás, escuchaba un podcast que se titulaba "¿Qué tiene los pobres en la cabeza?". Quien daba la conferencia era una chica que venía de uno de los barrios más pobres de la Argentina. Ella decía que los pobres no tenían nada, no tenían educación no tenían posibilidades de ir a una escuela, no tenían comida, no tenían oportunidades, no tenían un trabajo estable ni tenían ilusiones. Lo único que tenían eran hijos (y un montón de ellos). La conclusión que sacaba, después de algunos estudios, es que los pobres tenían hijos porque ellos eran la única motivación para levantarse cada día. Como ves, hasta la gente sin recursos económicos tiene motivaciones. Entonces, encuentra la tuya.

En el caso de la chica que estudiaba su GED® y que estaba desmotivada, creo que se debe a dos razones. La primera es (por lo que contaba) que la motivación por sacar su GED®, venía de parte del novio y su entorno y, la segunda, es que la motivación por sí sola no funciona.

Entonces, debemos hacer lo siguiente: Visualizar nuestro sueño. Lo que yo llamo en mi libro "la doble efe" (F&F): fantasea y finge. Debemos buscar en nuestro interior y preguntarnos ¿qué nos gusta o con qué seríamos felices? Debemos soñar con algo y fingir que lo tenemos.   ¿Qué te gusta? ¿Cocinar? ¿Quieres tener tu propio restaurante? ¿Te gustaría cuidar enfermos o, tal vez, sanarlos? ¿Te gustaría ser bailarina. músico, arquitecto, mecánico de aviones, corredor de autos, atleta, periodista? ¿Te gustaría construir casas o puentes, te gustaría ser un científico para descubrir la cura de una rara enfermedad? ¿Te gustaría ser un guardaparques, bombero o empresario? Lo que tú quieras. Imagínate logrando lo que quieres, actúa como tal, recuerda, doble efe: Fantasea y Finge.

Eso es lo primero que debes hacer: buscar algo que te motive, algo que te apasione.

Sé el protagonista de tu propia película

Pero eso no es todo, hay un segundo elemento que es la fuerza de voluntad, piensa que la motivación es la chispa que enciende el motor o la mecha que enciende la vela, pero eso es solo el comienzo. Para mantener el motor encendido o la mecha ardiendo, necesitamos combustible; en el caso del motor será la gasolina y en el caso de la mecha será la cera de la vela. En el caso de la motivación es tu fuerza de voluntad.

La fuerza de voluntad nos hace movernos o quedarnos parado. Es cuestión de decidir. Tú decides. Parafraseando a Henry Ford: Tanto como si crees que puedes como si crees que no, en ambos casos tienes razón.

Si visualizamos nuestro sueño y lo hacemos vívido, será tan fuerte la voluntad de lograrlo que nada nos detendrá.

No pienses cómo lo lograrás, eso vendrá después. Ya encontrarás la forma, ya crearás tu estrategia para lograrlo. Ahora, solo piensa en qué es lo que quieres lograr. Eso es lo importante, es tu punto de partida.

Me imagino que todos ustedes, o al menos la mayoría, conoce a Araceli Arámbula, sí, la actriz mexicana que contrajo matrimonio con Luis Miguel, el cantante apodado "el Sol de México". Recuerdo que cuando se casó, la televisión mexicana hizo un reportaje sobre su vida, mostraron su casa, una casa de clase media, y entrevistaron a sus amigos y vecinos, Lo que ellos contaban es que Araceli, desde que era pequeña, estaba enamorada de Luis Miguel, él ya era famoso. Ella no tenía un talento desarrollado para la música. pero buscó una carrera que la acercara a Luis Miguel, una carrera artística, estudió teatro. Luis Miguel era acosado siempre por sus *fans*, había tenido varias novias, algunas de ellas muy conocidas y, por cierto, brillaban con luz propia. Sin embargo, ninguna logró casarse con él, hasta que llegó Araceli, con quien hizo votos nupciales e incluso tuvo hijos.

Aquí, tienes un claro ejemplo de alquien que persiguió su sueño hasta alcanzarlo.

Lo que ves con los ojos de tu mente es lo que obtienes.
Dr. Denis Waitle.

Así que antes que pasen los años y te arrepientas de lo que no hiciste, comienza a actuar. Toma acción. Nada es posible si no te levantas y actúas. No seas como "El Chavo del 8" que siempre está diciendo: "Siiiiiii lo haaaago", pero no se mueve. Tienes que dar tu primer paso. Comienza tu GED® ahora porque es la clave para avanzar en este país, de lo contrario, te quedarás estancado y frustrado.

Admiro a aquellos estudiantes mexicanos o centroamericanos que realizan sus hazañas del cruce de la frontera con Estados Unidos. Atravesando el desierto, subiéndose al tren, cruzando el río para alcanzar el sueño americano; y muchas veces me pregunto: si fueron capaces de hacer esto, ¿cómo es posible que los detenga un papelito?

Por eso, una vez que emigres y llegues al país que quieras, no pares, no te rindas.

Piensa en algo que desees lograr (para que el viaje haya valido la pena).

Y como siempre digo:

Tú no puedes solo
(por eso estoy aquí),
pero nadie puede hacerlo por ti.

Notas del blog
1) Podcast TEDenEspanol.com - Lo mejor de TED en español (1/31/2019 - TEDxBahíaBlanca) por Mayra Arena: ¿Qué tiene los pobres en la cabeza?
https://www.youtube.com/watch?v=4JDu69Jy41Y

Episodio 2: ¿Estás seri@ en sacar tu examen de GED®?

Publicado: Julio 16, 2019.-
Tiempo de audio: 17 minutos.

Audio   Para accesar el audio con tu celular, escanea el código QR de la imagen.

¡Hola mis valientes del GED®!

Aquí, en este blog develo el segundo secreto de mi libro *Los 7 Secretos para tener éxito en mi GED®*:

Involucrarse

Involucrarse es mucho más que un deseo, es mucho más que decir: "Sí, quiero". Es mucho más que sentirse comprometido. Es estar con las manos en la masa, es estar dispuesto a todo por lograr un sueño.

Una profesora de mi universidad, la Sra. Eliana Castillo, una excelente docente, nos contaba un cuento para que tuvieramos clara la diferencia entre comprometerse e involucrarse y decía así:

Estaba la Señora Gallina con su amigo el Señor Marranito pensando en hacer un negocio, pero no sabían qué negocio hacer. cada uno daba una opinión, pero no se terminaban de convencer. De pronto, la Señora Gallina tuvo una brillante idea y se la comunica al Sr. Marranito, le dice:
- Oye Marrano, ¿te has fijado que aquí en la esquina hay una construcción? Están haciendo un nuevo edificio.
-Sí, claro - le dice Marranito- he visto pasar a los trabajadores.
- Justamente , le acota la Gallina. ¿Qué te parece que hagamos *sandwiches* y se los vendemos a la hora del almuerzo?
- ¡Oh, me parece excelente idea! - dice Marranito.
- ¡Bien, bien! Por fin, estamos de acuerdo, expresó la Sra Gallina.
- ¿Qué te parece que cada uno ponga un ingrediente y hacemos *sandwiches* de jamón con huevos? Yo pongo los huevos y tú ...
- ¡Oye, oye! le dice Marranito, no me parece justo. Porque, si bien es cierto, tú estarás comprometida, pero yo estaré involucrado.

.   ¡Pobre Marranito! ¿No? ¿Se dan cuenta chicos? ¿Vieron la diferencia entre comprometerse e involucrarse? Claro que en este cuento, involucrarse es mucho más intenso y más peligroso, es algo así como un "negocio extremo".

Pero, si nos la jugamos, tendremos muchas más posibilidades de lograr nuestros sueños. Debemos ser apasionados. Una pasión genera un resultado. Esta es una relación causa-efecto. Por ejemplo, si estudias con vehemencia, aprobarás el examen.

Cuando las personas llaman a la academia para consultar sobre las clases, una de las preguntas que más me molesta es: "(...) ¿Y Ud. me garantiza que yo apruebe el examen de GED®? "

Como si los estudiantes fueran un producto, un refrigerador, donde les coloco una etiqueta de garantía. Como si yo pudiera pegarles un parche en la frente que diga: "Álgebra" y que todo el conocimiento que contiene el parche se transfiriera al cerebro por osmosis[1]. Pero la tecnología no está tan avanzada como para llegar a transmitir conocimiento envasado... aún no.

Nadie puede garantizar que un estudiante va a aprobar el test de GED®, solo él/ella mism@.

Somos un equipo, por una parte está la escuela que puede garantizar lo que a ella le corresponde, como, por ejemplo, entregar los materiales que ofreció. Por otro lado, el maestro dará la clase y contestará todas sus dudas, pero el estudiante tiene que hacer lo suyo, es decir, estudiar. La única forma que yo le garantice al estudiante que pase su examen es que yo lo dé por él o por ella; pero como eso no se puede, el estudiante es quien tiene que involucrarse, poner las manos en la masa y echarle ganas (como dicen mis estudiantes mexicanos).

Puede que hallan alumnos que digan que a ellos "no les entra", que las matemáticas no se les da, que no tienen tiempo para estudiar fuera de clases. Pero esas son excusas para no poner de su parte.

El 99% de los fracasos provienen de personas habituadas a dar excusas
George Washington Carver
(Botánico estadounidense, nacido esclavo)

Hay gente, no toda por supuesto, que anda buscando excusas y eso muchas veces se debe a que tenemos miedo. Nos creamos nuestras propias barreras que nos impiden avanzar.

¿Cómo superar los miedos para tomar el GED®?

Lo primero que tienes que hacer es detectar y analizar esos miedos. Debes preguntarte: ¿A qué le tengo miedo ? ¿A fracasar? ¿A que se rían de mí? ¿A que me sienta inferior a otros? ¿A descubrir que no tengo ciertas habilidades?

Tienes que tener claro que el fracaso es parte del aprendizaje. Cada vez que fracases, cada vez que te equivoques te vas a dar cuenta que no era el camino correcto, tienes que intentarlo por otro lado, tienes que probar de otra manera, tienes que cambiar tu forma de enfrentar el problema.

Locura es hacer siempre lo mismo,
esperando resultados diferentes
Albert Einstein (Premio Nobel de Física)

Uno tiene que ser lo suficientemente humilde para reconocer que no lo sabemos todo o que no todo lo aprendemos a la primera. Y creo que en ese sentido las mujeres somos más humildes que los hombres porque tengo más féminas que van a clase, están más tiempo, abandonan menos y dan sus exámenes. No quiero ser sexista, pero así lo demuestran las estadísticas de los cursos (75% damas, 25% varones).

Una vez que descubras tus miedos, tienes que analizar si esos miedos son fundamentados o no, si son racionales, si verdaderamente pueden ocurrir. Si ellos son racionales porque existe una posibilidad cierta que el evento ocurrirá, debes tomar las medidas para evitarlo o para disminuir su impacto.

En concreto, si voy a a dar el examen sin estudiar, lo más probable es que me vaya mal, no puedo esperar milagros.

Al no prepararse, se está preparando para fracasar
Benjamin Franklin

En síntesis, para avanzar en tus estudios debes involucrarte en cuerpo y alma, debes enfrentar tus miedos y ponerte en acción. Si no te mueves, nada vas a lograr.

En cada examen que realizo, siempre imprimo al final de la prueba la siguiente oración:

Tus resultados estarán en directa relación
con el tiempo que le hayas dedicado al estudio.

Con esto quiero decir, que solo tú eres responsable de tu aprendizaje. El éxito depende de ti. Tu esfuerzo será recompensado. Finalmente, tú eres el que toma la decisión de salir de la mediocridad. Con esto no me refiero a que pienses en ser un gran político y dirijas los destinos del mundo o algo así; sino que puedes ser un modelo para tu comunidad, puedes hacer una diferencia entre tus pares, tener la capacidad de tomar decisiones en tu entorno para que ayudes a tu gente. Ser una persona que marque positivamente las vidas de otros y deje una huella en cada uno de ellos.

Ahora te planteo una inquietud: ¿Qué harás esta semana para prepararte con tu examen de GED®? ¿Buscarás una escuela? Si ya estás matriculado, ¿has planificado cuántas horas le dedicarás al estudio por semana? Utiliza los formularios de los 7 Secretos para ayudarte con esta tarea... y cuéntame, déjame un comentario o hazme una pregunta. ¡Te espero !

Notas del blog

1) Osmosis: En el contexto, es la capacidad que tiene el cuerpo para absorver sustancias a través de los poros de la piel.

Episodio 3: Diez consejos para mejorar tu ensayo.

Publicado: Julio 31, 2019.-
Tiempo de audio: 13 minutos.

Audio   Para accesar el audio con tu celular, escanea el código QR de la imagen.

En primer lugar, recuerden que en el examen de GED® en su parte RAL (Razonamiento a través de las Artes del Lenguaje), lo que normalmente conocemos por Gramática, tienen 45 minutos para escribir un ensayo. Es la segunda parte del examen, ya que esta prueba comprende tres secciones. Si quieren información sobre el examen, miren el video que se encuentra en la Home Page de esta web: www.gedfacil.com

Tanto a los estudiantes en nuestras clases de GED® presenciales en Colorado como a los estudiantes online siempre se les hace muy difícil escribir un ensayo, así que van mis consejos para mejorarlo.

Tomen lápiz y papel para que apunten... y nos vamos.

Consejo #1: Hacer un Bosquejo

Lo primordial: deben hacer su bosquejo. El bosquejo es importante porque les ayuda a organizar sus ideas y evitan perder tiempo al momento de escribir.

Recuerdo que una vez, después de recoger los ensayos de tarea para corregirlos, un estudiante se acordó que no me había entregado el bosquejo. Entonces, se fue a su mesa, tomó un papel y, rápidamente, dibujó un supuesto bosquejo y me lo entregó. Tenía la idea que si no me pasaba el bosquejo yo le iba a bajar la calificación. La verdad de las cosas es que lo exijo junto al ensayo para que se acostumbren a hacerlo, no para calificarlo. Lo mismo les pasará en el examen, nadie va a corregir su bosquejo. La función de este es ayudarles a organizar sus ideas, pueden obtener mejores argumentos y evidencias; y no sucede al revés como este chico lo entendió. No se trata de escribir primero y después hacer el bosquejo. Debe ser el bosquejo, primero, porque una vez que ustedes hagan su bosquejo van a saber qué escribir en la introducción, van a saber estructurar el desarrollo o cuerpo del ensayo y sabrán cómo lo van a terminar, es decir, cómo hacer la conclusión. Así de importante es hacer un bosquejo.

Consejo # 2: Escriban oraciones cortas

Esto quiere decir, escriban sentencias donde haya solo un sujeto, un solo verbo y un complemento e, inmediatamente, coloquen un punto seguido.

¿Por qué entrego este consejo? Porque hay gente que se pone a escribir oraciones tan largas que al final no se entiende nada. Porque el sujeto o el verbo se pierde entre tanta palabra. Después no sabemos de quién está hablando, es decir, no se distingue el sujeto o el sustantivo; y lo mismo pasa con el verbo: no queda clara la acción.

Si alguno de ustedes, ya es capaz de estructurar oraciones compuestas, es decir, sentencias donde tengan más de un sujeto y/o más de un verbo, está bien, sigan trabajando de esa manera. Pero cuando se está recién empezando es muy difícil que logren estructurar varias oraciones y que ellas queden claras. Entonces, si aún no son capaces de redactar con soltura, mejor que sigan este consejo: oraciones cortas.

Consejo # 3 : Enfóquense en el tema

¿Qué quiero decir con esto? Quiero decir que si una oración no dice nada sobre el tema... ¡ elimínenla !

Si una oración no aporta nada nuevo... ¡ bórrenla !

Muchas veces los estudiantes se ponen a divagar, o sea, se van por las ramas, comienzan a hablar de otra cosa y no se enfocan en el punto a tratar. Eso les hace perder tiempo. Tal vez, piensan que les permite rellenar párrafos y páginas hasta completar el escrito. Pero no se trata de eso. No les pedirán una cantidad mínima de palabras, tampoco una cantidad máxima. El límite máximo de palabras estará dado por el tiempo exigido.

Yo sé que hay gente que quiere contar algo que considera importante, pero si no es relevante al tópico no les servirá de nada.

Por otra parte, si escriben solo por escribir, sin enfocarse en la idea principal, se les penalizará, se les descontará puntaje (miren la Cartilla de Revisión del ensayo en el Libro de Ejercicios del Nivel 1 y la Rúbrica para corregir un ensayo del Libro de Ejercicios del Nivel 3 del Módulo de Gramática). Razón por la cual es muy importante hacer el bosquejo, porque este les trazará el camino a seguir, sin desviarse del tema.

Consejo # 4: No repitan ideas o palabras

Si están hablando sobre un determinado tema y requieren usar la misma palabra o la misma idea, aprendan a utilizar sinónimos, es decir, palabras distintas que significan lo mismo.

Para ilustrar: Si estoy contando de una clase y me estoy refiriendo en varias líneas sobre los estudiantes, lo recomendable sería escribir en la primera línea utilizando la palabra **estudiante** y para el resto de las oraciones utilizar sinónimos como **alumno** o **pupilo** y palabras como jóvenes, juventud, adolescentes, si queremos expresarnos en un sentido más amplio.

Consejo # 5: Utilicen el diccionario

No tengan miedo de consultar el diccionario para encontrar definiciones, sinónimos y ampliar su vocabulario.

Antiguamente, los diccionarios eran muy caros. Recuerdo que mis padres los tenían en su biblioteca y nos permitían a mis hermanos y a mí sacarlos cuando los necesitábamos. Podíamos consultarnos, pero siempre con la consabida recomendación: ¡Cuídenlo! Eran un tesoro muy preciado.

Actualmente, pueden utilizar internet y usar el buscador que quieran; encontrarán cientos de diccionarios online ... así de fácil, rápido y barato.

Consejo # 6: Usen las "muletillas"

Las muletillas es un término que acuñé hace muchos años como una forma de ayudar a los estudiantes a escribir sus ensayos. Esta palabra viene de las muletas, el aparato ortopédico que se utiliza para apoyarse y caminar. En el caso del ensayo, las muletillas, asistirán al estudiante para comenzar y avanzar dentro del escrito. Le ayudarán bastante, porque ellas harán una gran diferencia entre un buen escrito y uno mediocre. Serán capaces de convertir una simple lista de supermercado en un buen texto. Las muletillas les servirán para iniciar un párrafo y para conectar oraciones. Quienes tienen el Libro de Ejercicios del Nivel 1 del Módulo de Gramática (el libro púrpura), encontrarán más de 200 muletillas y están ordenadas de acuerdo a su función. Así que no necesitan pensarla mucho, solo elijan las que más les gusten, las que más recuerden y comiencen a utilizarlas. Al principio, usen las mismas hasta que las memoricen. Elijan una seis o siete y después tomen otro grupo para que vayan ampliando su banco de muletillas.

Consejo # 7: Leer en voz alta

Al leer el escrito en voz alta, lo podrán escuchar y eso les ayudará a corregirlo. Se van a dar cuenta si se comieron alguna palabra, si dejaron algunas oraciones inconclusas, si algo no suena bien. A veces, aunque no tengamos mucho conocimiento de la gramática, pero hablamos español como primera lengua, puede que algo nos suene mal, algo que no estamos acostumbrados a escuchar. Entonces, al leer en voz alta, inmediatamente, salta a la palestra alguna palabra que no está bien escrita.

Consejo # 8: Léanselo a alguien

Pídanle a algún familiar o a algún amigo que los escuche. Eso les permitirá probar si está bien redactado. Si algo no quedó claro, es muy probable que su amigo les diga: "No entiendo esto"; o les pregunten qué quisieron decir con aquello o, simplemente, lo entendieron de otra forma. Si ellos entendieron de otra manera lo que ustedes quisieron decir, significa que esa oración o ese párrafo no está bien redactado. Tal vez, necesitan reescribirlo. Tal vez, necesitan acortar las oraciones. Recuerden el consejo número dos: un sujeto, un verbo. un complemento. Nada más.

Consejo # 9: Memoricen pies forzados

En el Nivel 3 del Módulo de Gramática, tengo un video que muestra una serie de pies forzados. ¿Qué son ellos? Son oraciones prehechas que les servirán para iniciar un párrafo o una oración. Al igual que las muletillas, les muestro varios pies forzados de acuerdo a la función que requieran; ya sea, para comparar, para contrastar, para reafirmar, etcétera. Les pido que también los memoricen y utilicen hasta que puedan crear sus propios pies forzados.

Consejo # 10: No se enamoren de su primer escrito

¿Qué quiero decir con esto? Que practiquen, practiquen, practiquen, escriban, escriban, escriban. Mientras más escriban más fácil se les hará. Más fácil será crear sus argumentos o entregar evidencias. Su mente empezará a estructurar el ensayo sin complicarse la existencia. Recuerden que solo tendrán 45 minutos para escribir un ensayo, esto quiere decir, que no tendrán mucho tiempo para pensar. Mientras más elementos su cerebro tenga ya asimilado de cómo se escribe un ensayo, más fácil se les hará. No tendrán ni que pensarlo. Mientras más variables puedan controlar, será mejor, porque el día del examen, únicamente, tendrán que intentar manejar aquellas que son incontrolables.

Convierte tu hecho futuro en hecho presente, asumiendo la sensación del deseo cumplido.

(Neville Godard, escritor y motivador barbadense)

Notas del Blog

Libros de Ejercicios para el GED® los encuentras en Amazon digitando "Maestra Ximena" o en este enlace

Episodio 4: Seis técnicas de memorización rápida

Publicado: Agosto 20, 2019.-
Tiempo de audio: 19 minutos.

Audio   Para accesar el audio con tu celular,
escanea el código QR de la imagen.

Aunque el examen de GED® no mide memorización, es decir, no van a tener que aprender fechas como: "El descubrimiento de América fue el 12 de octubre de 1492", pero sí hay cosas que recomiendo que memoricen para hacer más rápido su interacción con el examen de GED®, especialmente, en el test de matemáticas. Por ejemplo, las tablas de multiplicar (¡aunque no quieran, chic@s!), porque eso les permitirá ganar tiempo.

Tengan presente que, en promedio, para contestar todas las preguntas del examen de matemáticas debieran demorarse en cada problema, aproximadamente, tres minutos y medio; es decir, tendrán que leer el problema, entenderlo, rescatar los datos, hacer los cálculos y obtener el resultado en tan solo 3 minutos y 30 segundos. Ya sé que más de alguno me dirá: "Pero ¿y no vamos a usar calculadora?" Sí, chicos y chicas. ¡Claro que sí! El examen de Matemáticas está dividido en dos partes. La primera parte que tiene, aproximadamente, cinco ejercicios, no necesitarán usarla y tampoco podrán usarla; y una vez que pasen a la segunda parte. no podrán volver atrás. Y, la verdad es que no la van a necesitar, porque las primeras cinco preguntas no son de cálculos, sino más bien de lógica. Pero en la segunda parte, que es donde se presenta la mayoría de las preguntas, son problemas de planteo y podrán usar la calculadora. Sin embargo, si usan la calculadora para hacer una simple multiplicación de, por ejemplo, 7 por 8, se van a demorar más en ingresar estos tres términos, es decir, el número 7, el signo de la multiplicación y el número 8, que decir mentalmente: 7 por 8 y entregar el resultado en dos segundos. Y ¡créanme! Es cierto, porque he hecho esta prueba en la clase muchas veces y con el poco tiempo que tienen para resolver un ejercicio, cada segundo cuenta. Si se aprenden la tablas de memoria y tienen que hacer varias veces ese cálculo, si lo realizan mentalmente, se van a ahorrar preciosos segundos.

Otra cosa que tendrán que memorizar son fórmulas. Uds. me dirán: "Pero se supone que las fórmulas vienen dadas". Sí, es cierto, pero no todas; por ejemplo, no viene ninguna fórmula de conversión de medidas en el formulario. ¿De qué les sirve conocerlas? Porque puede que les den los datos en pie y les pidan los resultados en metros. Entonces, deben saber la equivalencia para convertir las unidades de pie a metro.

Tienen que entender algo antes que les explique las técnicas. Existen dos tipos de memoria: la memoria a corto plazo y la memoria a largo plazo.

El ser humano memoriza de esas dos formas. La memoria a corto plazo es aquella que puede durar desde unos segundos a unos pocos días y la memoria a largo plazo que puede durar años. Si comparamos con la memoria del computador, podemos decir que la memoria caché es la memoria a corto plazo, aquella que dura mientras el computador está encendido; apagando el computador desaparece la memoria a corto plazo (la memoria caché) y solo se conserva la memoria donde se guardan todos los archivos, es decir, el disco duro, el cual representa la memoria a largo plazo.

Entonces, es importantísimo que ustedes aprendan a transferir desde la memoria de corto plazo a la memoria de largo plazo, para que les vaya bien en su examen de GED®.

Para hacer esta transferencia, se hace solamente con cinco formas: la repetición, la concentración, la lógica, el orden y la motivación.

A mí no me sirve de nada que les enseñe una materia en el primer mes de clases y la memoricen a corto plazo, si van a ir a dar el examen en seis meses más. En seis meses más se les ha olvidado todo. Por eso es tan importante que apliquen la metodología que yo utilizo tanto en las clases presenciales como en las clases online. Toda la metodología que he creado y he implementado en mis clases de GED® está basada en varios pilares y uno de ellos es cultivar una memoria a largo plazo. Eso ha permitido que los estudiantes den exitosamente sus exámenes de GED®. Cualquier persona puede dar una clases o enseñar a través de videos. Uds. pueden verlos, pero al día siguiente el video se les ha olvidado. Está comprobado, científicamente, que de cada diez palabras que una persona diga en un video, una clase o una conferencia, solo escuchamos siete. ¡Imagínense! Solo escuchamos el 70%. ¿Qué pasa con las palabras que retenemos? Bueno, eso es mucho, pero mucho menor.

Comprobado está (también) que si algo no lo practicamos en las siguientes 4 horas de haberlo escuchado, se nos olvida. Por eso yo tengo varias herramientas donde ustedes van repasando en forma espiral cada una de las materias. De la misma manera, para mí, fue crucial el software que adquirí, el cual me permite crear quizzes en cada video para que Uds. se autoevalúen, para que se den cuenta qué aprendieron y qué no aprendieron del video; con en fin adicional de que nada se les olvide (al menos lo más importante). Huelga decir, que la búsqueda, evaluación y selección del software que compré me tomó meses de estudio.

Algunas de esas técnicas de memorización, que dicho sea de paso, las aprendí hace muchos años en un curso de mnemotecnia que realicé en mi país, las voy a compartir con todos ustedes y las explicaré en detalle.

Mnemotecnias para tu GED®

Las mnemotecnias son técnicas que debes **aprender** y poner en **práctica** para memorizar más rápido sin que se te olvide.

Retomando lo que dije en párrafos anteriores, utilizaremos la repetición, la concentración, la lógica, el orden y la motivación. La **repetición** nos sirve para practicar lo aprendido, la **concentración** para enfocarnos en lo que debemos aprender, la **lógica** para relacionar conceptos, el **orden** para crearnos una secuencia de eventos (eso le permite a la mente organizar los conceptos para encadenarlos fácilmente) y la **motivación**.

Coloqué la motivación al final, no porque sea lo menos importante (muy lejos de la realidad) sino porque es lo más relevante; y porque aquí quiero hacer un gran paréntesis para explicarlo. Sin motivación no hay nada, si no tengo interés, si no me animo a aprender, si no me entusiasma algo, nada se puede hacer. Como explico en mi libro *"Los 7 Secretos para tener éxito en mi GED®"*, la motivación es la mecha que enciende la vela, es la chispa que prende el combustible. De ahí partimos. Haciendo una metáfora: Si quiero ir de paseo a las montañas, lo primero que debo hacer es echar a andar el motor del carro, pero si el motor no parte porque las bujías no funcionan, el paseo nunca se podrá realizar y nunca llegaré a las montañas, por lo menos, no el día o a la hora planeada. Por eso, en uno de los videos donde muestro sobre mis clases de GED® digo: "Yo no le puedo enseñar a quien no quiere aprender". Con esto me refiero a que si tú no estás abiert@ a aprender, yo nada puedo hacer. Tú tienes que partir de la base que quieres aprender, que estás dispuest@ y que harás tu mejor esfuerzo. Tienes que tener una actitud positiva y una mente abierta, de lo contrario, nada puedes lograr.

No basta con que quieras sacar tu GED®.

Ponte en acción.

Mientras más luego empiezas, más luego terminas.

De la misma forma que les insisto a mis estudiantes cuando van a leer un libro, asegúrense de leer algo que les guste, eso los motivará a leerlo, eso les ayudará a abrir la primera página.

Muy bien, iniciamos …

Primera técnica: Acrónimos

Los acrónimos son palabras que se forman con las iniciales de otras palabras para tratar de recordar un pequeño grupo de conceptos. Yo he creado acrónimos para organizar el ensayo: INDECO; y cuando lleguén a Matemáticas, también, se van a encontrar que tengo varios acrónimos, uno de ellos es DQMA que significa "De Qué Me Agarro". DQMA es un llamado a la acción, donde estimulo a los estudiantes a que piensen, a que busquen en su cerebro todos los conocimientos adquiridos y seleccionen cuáles de todos esos conocimientos aprendidos con anterioridad les pueden servir para resolver el problema.

Yendo un poquito más lejos, en el mundo de la publicidad, se habla del acrónimo AIDA, el cual es un clásico modelo que describe las cuatro fases que debe tener un mensaje publicitario. AIDA significa: **A**tención, **I**nterés, **D**eseo y **A**cción.

Segunda técnica: Encadenar

Consiste en hacer dibujos o crearte, mentalmente, una secuencia de imágenes. Tomas un concepto, te lo imaginas, toma otro, haces lo mismo y lo vas relacionando con el anterior y así sucesivamente. Vas armándolo en cuadros y después los unes como si fuera una película. Lo importante es ir asociando conceptos e ir conectándolos lógicamente. Esto permite que todos ellos fluyan en forma armónica dentro de tu mente.

Tercera técnica: Exageración

Esta es muy utilizada cuando se quiere recordar nombres de personas que recién conoces. Para ello puedes asociar el nombre a una característica específica de la faz de la persona (de su cara). Por ejemplo, si la persona se llama Daniel y tiene unas orejas prominentes, entonces puedes relacionar el nombre que empieza con la letra D con Dumbo, el elefantito de las grandes orejas. A veces, resulta un poco cómico, pero se nos hace fácil recordarlo.

Cuarta técnica: Crearse un cuento

Es poner varias palabras en una secuencia y crearse un cuento con cada una de ellas para fijarlas en nuestra mente. Por ejemplo: si debo recordar varios conceptos, tomemos 6 palabras al azar.

puerta – gato – nieve – árbol – silencio – estufa

Ahora, me invento un cuento donde utilizo todas estas palabras y podría ser algo como esto:
"La puerta estaba entreabierta y el gato asomaba su nariz tratando de respirar el aire frío de la nieve. Mientras un árbol se mecía en silencio, adentro, la estufa calentaba la casa".

Quinta técnica: Cadena de acrónimos

Si necesito recordar una serie de pasos en un orden determinado, puedo inventar una oración con las iniciales de los conceptos que quiero. Tal como lo hice en el Módulo Tutorial Tecnológico con los acrónimos de las teclas. La diferencia es que aquí estoy uniendo los acrónimos, creando una oración completa. Es muy útil cuando necesitamos fijar en nuestra mente muchos acrónimos.

En el Módulo Tutorial Tecnológico utilizo esta modalidad y es francamente efectiva. Les digo que voy a enseñarles una forma que puedan aprenderse todas las letras del teclado en tan solo 10 minutos. Puede que algunos se demoren un poquito más, pero la mayoría se lo aprende en el tiempo estipulado. Es una forma fácil de aprender. Los videos se hicieron en base a la repetición, la concentración, la lógica, el orden y, en especial, la motivación. Por ejemplo, para que memorizaran algunos acrónimos, mostraba imágenes de chicas bonitas que las asociaba con un determinadoconcepto. El estudiante se acuerda de ellas e inmediatamente le viene a la mente el acrónimo.

Sexta técnica: Lista con números

La siguiente técnica sirve cuando una persona desea recordar una gran cantidad de elementos. Es un poco más compleja. Se requiere más preparación, pero es muy efectiva. Tal vez, muchos de ustedes han visto algún concurso de televisión donde se presenta gente que es capaz de memorizar cien palabras en un minuto. Bueno, pues esta es la técnica que ellos usan:

Lo primero que deben hacer es escribir en una pizarra los números del 1 al 100 en forma secuencial y en columnas (hacia abajo) partiendo por el uno. A continuación, van a asociar cada número con un objeto cualquiera. Por lo general, yo busco un objeto cuyo nombre empieza con la misma letra del número. Por ejemplo, el número uno yo siempre lo relaciono con la uña (por la letra "u"), el número 2 con dado, el número 3 con tenedor, el número cuatro con cama y así, sucesivamente, hasta llegar al número 100, o sea, a cada número se le asocia una imagen mental. ¿Se entiende la idea? Bueno, esa es la primera parte. Una vez que hayan memorizado un objeto o palabra, la relacionan con el objeto del número que ya conocen, esa primera asociación no la olvidan nunca más; la trabajan y la guardan en su memoria a largo plazo. La segunda parte se inicia cuando la gente les empieza a dictar palabras y ustedes las anotan en la pizarra y tienen un minuto para memorizarla; lo que van a memorizar va a ser solamente esa segunda parte y la memorizan de la siguiente manera: asociando el tenedor, por ejemplo, con una imagen nueva. Como ustedes ya saben que tenedor equivale al número tres porque usted ya lo tienen memorizado de antes. Ahora, simplemente, le agregan la imagen siguiente.

Para ilustrar: si una persona me dijo lentes y lo coloco en el número tres de la lista, yo lo que tengo que asociar en mi mente es un tenedor golpeando un lente o quebrando lentes. Mientras más dramática sea la escena, más la recuerdan. Entonces, después que ha pasado ese minuto y alguien me pregunta, ya sé que el 3 lo tengo asociado con el tenedor y acabo de memorizar en mi memoria a corto plazo el tenedor golpeando unos lentes... ¿se entiende? Lo importante es la repetición. Mientras más veces lo practiquen, mientras más lo repitan, más fácil será recordarlo; hasta que su mente lo tenga asimilado y bien guardado.

En esta etapa, ustedes están haciendo doble esfuerzo: un esfuerzo en memorizar, es decir, grabar en su mente un concepto y el segundo esfuerzo es recuperar lo que han guardado en su mente.

¡Feliz memorización !

Maestra Ximena

Notas del Blog

El Tutorial Tecnológico lo encuentras en Amazon digitando "Maestra Ximena" o en este enlace

Episodio 5: ¿Cómo estudiar el GED® desde mi casa?

Publicado: Septiembre 3, 2019.-
Tiempo de audio: 12 minutos.

Audio   Para accesar el audio con tu celular, escanea el código QR de la imagen.

¡Hola, mis valientes del GED®!

Si por alguna razón no quieren ir a estudiar el GED® a alguna escuela tradicional, tienen la posibilidad de tomar las clases online (en línea). Las razones para no tomar clases presenciales pueden ser muy variadas. Puede ser que los horarios en que imparten las clases no les acomodan porque trabajan de noche y en el día duermen. Porque viven muy lejos de los lugares donde imparten las clases. Porque trabajan en alguna actividad donde se aprovecha al máximo la luz solar y terminan a las 8 ó 9 de la noche, por lo tanto, no alcanzan a llegar a ninguna clase durante el verano. Hay personas que laboran en lugares donde se extrae el petróleo o en zonas mineras donde los envían a trabajar por 15 días de corrido y vienen a su casa a descansar 3 ó 4 días. Así es imposible que se puedan comprometer a asistir a una clase. O en el caso de las mamás que han tenido un bebé recientemente y, por supuesto, no los pueden dejar solo, pero pueden aprovechar los momentos en que el niño duerme para estudiar un poquitito. También, pueden ser personas que están a cargo de un enfermo, de un adulto mayor o tienen algún impedimento físico y se les hace difícil trasladarse porque no tienes transporte o dependen de otras personas para moverse. Puede ser que no quieren perder el tiempo en trasladarse o, simplemente, porque son pájaros tempraneros o pájaros nocturnos y prefieren estudiar desde su casa.

Tomar las clases online son ideales para quienes deseen estudiar a la hora que se le da la gana. El único requisito es tener internet y un computador en la casa. ¡Ojo! Pueden tomar clases en línea, pueden tomar exámenes de práctica online, pero, finalmente, para que el examen sea válido, tienen que ir a los centros examinadores autorizados a tomar los exámenes en persona[1]. No se les olvide esto: cualquier escuela que les ofrezca el certificado de GED® o el diploma de GED® por internet, eso no es válido, eso es un fraude. Van a tener que ir en persona a tomar sus exámenes a los centros autorizados y ahí los van a sentar en un computador. Mucha gente tuvo esta confusión cuando recién salió la nueva versión en el 2014, la cual decía que el GED® se debía tomar en computador. Efectivamente, el examen tienen que tomarlo en un computador, pero los computadores están en los centros examinadores. Uds. no lo pueden hacer desde su casa[2] porque los centros de prueba son entidades serias y, por ende, necesitan asegurarse que la persona que hizo la cita, es la que presentó su identificación (ID) el día del examen y es la misma que está tomando el examen. Estas entidades cuentan con acomodaciones especiales para quienes lo necesitan, pero previamente tienen que demostrar que lo necesitan, generalmente con un certificado médico o de un trabajor social.

Para más detalles sobre estos temas pueden revisar los videos o audios de Preguntas Frecuentes que encontrarán en esta web (www.gedfacil.com). Los primeros podcasts o audios que hice fueron respondiendo estas interrogantes.

Entonces, sí, efectivamente pueden estudiar desde su casa vía online, pero como todas las cosas, tiene sus pro y sus contras. Mucha gente quiere tomar las clases online porque se les hace más fácil, se les hace más cómodo, pero las clases online no son para todo el mundo. Con esto quiero decir que la persona que toma dichas clases tiene que tener una actitud especial, estas clases son para **gente disciplinada.** La disciplina es una habilidad que se adquiere con motivación y fuerza de voluntad. Ya en artículos anteriores he hablado de la motivación, de hecho, es el primer secreto de mi libro *Los 7 Secretos para tener éxito en mi GED®*. La disciplina sin motivación y sin fuerza de voluntad no es nada. Ambos son los pilares para crearse una disciplina. La disciplina es tan simple como esto: hacer todos los días lo que tenemos que hacer sin claudicar, sin rendirnos. Nos debemos crear una rutina diaria y cumplirla. Así de simple. Bueno, simple de decir, pero mucho más complicada de hacerla cumplir.

En las clases online es muy importante que se fijen una rutina de estudio, por ejemplo, créense un calendario donde anotar los días de la semana que van a estudiar y las horas, a qué hora empezarán y a qué hora terminarán y, lo trascendental, cúmplanlo. Eso es crucial: **cumplirlo**. Si anotas que vas a estudiar todos los días o día por medio (lunes, miércoles y viernes) de 6 a 8, ya sea de la mañana o de la noche, ¡hazlo!

Pequeños pasos aparentemente insignificantes, completados consistentemente a lo largo del tiempo, crearán una diferencia radical.

Darren Hardy
(Autor del libro El Efecto Compuesto)[3]

Todo depende del tipo de decisiones que tomen. Pueden ser buenas o malas. Obviamente, si toman buenas decisiones, su vida será exitosa; sin embargo, si toman malas decisiones, su vida será un fracaso. El efecto compuesto consiste en tomar pequeñas decisiones diariamente que afectará el resto de sus vidas.

En Física, materia del siguiente módulo, veremos la "Reacción en cadena" que consiste en crear pequeñas explosiones y se van encadenando hasta producir una gran explosión. Esa fue una de las teorías de Einstein. Este pensamiento fue la base para construir la Bomba Atómica. Lo que demuestra que pequeños pasos pueden andar largos caminos.

Si van a estudiar para su GED®, les recomiendo que empiecen por leer el libro *Los 7 Secretos para tener éxito en mi GED®* porque les ayudará a organizar su tiempo y a lidiar con la mayoría de los problemas que tienen los estudiantes cuando inician clases.

No importa que tipo de clases desees tomar, lo más importante es que seas constante y te enfoques en un solo examen a la vez.

Notas del Blog

1) A raíz de la pandemia, el reglamento cambió; a partir de octubre 2020, se puede tomar el examen en línea, pero con algunas restricciones tecnológicas y medio-ambientales.

2) Para tomar el examen desde la casa, deberán mostrar su identificación al supervisor (proctor) que se encontrará todo el tiempo, al otro lado de la pantalla.

3) Darren Hardy, El Efecto Compuesto , lo encuentras en este enlace a Amazon.

Episodio 6: Revelando el Secreto # 3 (Arriesgarse)

Publicado:Septiembre 19, 2019.-
Tiempo de audio: 19 minutos.

Audio   Para accesar el audio con tu celular, escanea el código QR de la imagen.

¡Hola, mis valientes del GED®!

En esta oportunidad revelaré el secreto # 3 para que tengan éxito en el GED® y este secreto es:

Arriesgarse

Arriesgarse significa actuar, tomar una decisión, levantarse de la silla y empezar a caminar.

Mucha gente piensa que le gustaría hacer algo o sueña con hacer algo importante, pero finalmente nunca sale de su zona de "comfort". No da el primer paso. No actúa.

Bronnie Ware es una enfermera australiana que trabajó en cuidados paliativos con enfermos terminales y escribió un libro titulado "Los 5 grandes arrepentimientos de los moribundos". Y de lo primero que se arrepentían eran de no haber tenido el coraje de vivir una vida siendo fiel a sus sueños y se daban cuenta que esto se debía a la elección que habían hecho (o no habían hecho) durante su vida.

¿Por qué no damos el primer paso?

El miedo es nuestra principal barrera. En primer lugar, debemos detectar los miedos y analizarlos, es decir, diferenciar entre aquellos miedos irracionales (aquellos que no tienen ningún sentido, cero fundamento) y aquellos racionales.

Una vez que seamos capaces de distinguirlos, debemos descartar los irracionales (dejarlos a un lado). Por ejemplo, si vives en la ciudad y tienes miedo que un oso entre a tu casa, ese es un miedo irracional, si es que vives en una urbe; porque es muy difícil que un oso llegue a una ciudad llena de ruidos, gente y automóviles. Las posibilidades que un oso se acerque a tu casa prácticamente son nulas. Diferente sería el caso si vives en Colorado, en una zona rural, una zona montañosa, porque ahí sí que es muy probable que aparezca a jugar a tu jardín, en especial si tienes piscina, aunque sea una pequeña alberca. Lo hemos visto mucho en las noticias, cuando alguien de la casa ha filmado a una familia completa de osos jugando en la piscina.

Una vez que descartes los miedos irracionales, te vas a analizar los miedos racionales y ves la probabilidades que ocurran. Tal vez no podrás evitar que ellos ocurran, entonces, lo que tienes que hacer es prepararte, para aumentar tus probabilidades de éxito.

En un podcast anterior y en el libro *Los 7 Secretos para tener éxito en mi GED®*, hablo que más del 90% de mis estudiantes pasan sus exámenes a la primera, lo cual es excelente, el gran problema es que hay un alto porcentaje que ni siquiera lo intenta.

Parafraseando a Woody Allen, diría que el 80% de las probabilidades de tener éxito consiste en aparecer.

Si retomo lo que acabo de decir, si hay muchos estudiantes que no van a dar sus exámenes. yo les pregunto ¿cuál es la probabilidad de que les vaya bien? Obviamente, la probabilidad es de un 0%. Si pudieramos medir las probabilidades con un termómetro en una escala de 0 a 100, el hecho de dejar de ir a tomar el examen, el no presentarse, hará que la aguja del termómetro ni se mueva, quedará estática, en el punto cero. Cuando asistimos a una clase, nos preparamos en nuestra casa o de cualquier manera que nos acomode, pero si nos **preparamos** lo que estamos haciendo es aumentando nuestras probabilidades de éxito, nuestras probabilidades de acierto. El gran problema está cuando la gente busca excusas para no aparecer.

Hay una anécdota que cuento en el libro: una persona llama a la academia y pregunta por las clases partiendo siempre con la palabra "pero": ¿Pero no tiene clases en la mañana, ¿Pero no tiene clases en Denver? ¿Pero no tiene cuidado de niños? Al principio, me preocupaba y me iba a buscar un lugar donde les quedara más cerca. Llegué a dar clases en 7 lugares diferentes. Ahora tengo claro que si la persona preguntó si tenía clases en Pelotillehue City, por decir un lugar, porque los demás lugares le quedaban muy lejos, yo estoy segura que aunque le ponga un lugar frente a su casa. va a encontrar la excusa exacta para no tomar las clases.

Las excusas se deben a tus miedos, a la falta de confianza en ti mism@. ¿Cómo se gana la confianza? Muy simple: **pre-pa-rán-do-se.**

Mientras más practiques, más aprendes y más confianza tendrás en ti mism@.

Al no prepararte, te estás preparando para fracasar.
Benjamin Franklin
(Inventor y Padre Fundador de los EUA)

Muchas veces, el problema es que la gente no está dispuesta a prepararse, no está dispuesta a hacer los ejercicios, no está dispuesta a dedicarle tiempo y no está dispuesta a tomar los exámenes. Recuerden que todo esto es un esfuerzo diario y que los resultados son una reacción en cadena. Un efecto compuesto. Mi éxito lo creo día con día.

Arriesgarse, es decir, tomar acción, depende de lo que tú estás dispuest@ a hacer, de tu motivación, de tu fuerza de voluntad para lograr un determinado resultado. Significa que tienes que tomar decisiones. ¿Estás dispuest@ a dedicarle tiempo a las clases, a estudiar en tu casa. a dejar los amigos, las farras, las movidas, las fiestas, por la posibilidad de un futuro mejor?

Cuando inicio las clases en Colorado, el primer día, los estudiantes llegan muy contentos, dispuesto a escucharme y a ver los videos, pero cuando les digo: ¡Pónganse a hacer los ejercicios del libro! se producen las primeras bajas porque no están dispuestos a trabajar. No sé si creen que todo lo voy a hacer yo o que basta con escucharme. Pero no es así. Está comprobado científicamente que si una persona asiste a una clase o ve un tutorial y no lo practica con los ejercicios en las próximas 4 horas, se olvida. Por eso es tan importante la práctica. Por eso en las clases he incorporado videos, quizzes, autoevaluaciones, juegos, flash cards, canciones, rimas y las herramientas que más he podido, pensando solo en que se les haga fácil el aprendizaje. A veces, los estudiantes tienen miedo a descubrir que les cuesta aprender o que se equivocan. Pero hay un dicho muy antiguo que dice: "Nadie nació sabiendo".

Por eso mismo les repito: "Pregunten, pregunten, pregunten y practiquen, practiquen, practiquen".

Sobre todo, permitan equivocarse, de las equivocaciones se aprende mucho. Pero si no ejercitan, nunca se equivocarán y, por ende, nunca aprenderán.

Se cuenta una anécdota del inventor Thomas A. Edison, quien buscaba crear la bombilla eléctrica. Hizo tantos intentos y tan peligrosos que incendió su taller varias veces. Los bomberos estaban hartos de ir a apagar sus incendios que uno de ellos le dijo:
- "Sr. Edison ¿no se cansa de tanto fracaso? Si ya sabe que no funciona, ¿para qué sigue intentándolo?"
- A lo cual, el inventor le respondió: "Te equivocas, ahora ya sé que esta es otra manera como no se hacen las cosas."

Se conoce que Edison lo intentó 1000 veces antes de lograr un resultado exitoso. De hecho, una de sus frases más famosas es: "No fracasé, solo descubrí 999 maneras de cómo no hacer una bombilla".

El hecho cierto es que registró 1093 patentes, esto quiere decir, que en su vida adulta creó un invento, aproximadamente, cada 15 días.

A nosotros no nos gusta pensar, lo evitamos, nos gusta manejarnos en piloto automático, no queremos arriesgarnos, no buscamos nuevos retos.

Tenemos que aprender, primero, cosas básicas para poder resolver problemas, pero la mayoría prefiere buscar atajos y no ir paso a paso.

Las personas no son recordadas por el número de veces que fracasan,
sino por el número de veces que tienen éxito.
Thomas Alva Edison

El aprendizaje es un proceso y como tal requiere que se vayan quemando etapas, debemos ir "step by step". No muchos se atreven a dar un paso. Arriesgarse requiere coraje y determinación. Si no das el primer paso nunca sabrás si eres capaz de lograr algo.

En la vida existen dos tipos de personas: los protagonistas y los espectadores.

Uno de los programas de televisión que más detesto son los "reality show", no les encuentro ninguna gracia. Estar sentado, por horas, frente a un televisor viendo a otros vivir su vida, me aburren enormemente, prefiero vivir la mía. Sin embargo, es uno de los formatos de programas que más se ven y, por lo tanto, los que más se copian. ¿Saben por qué estos programas son tan exitosos? ¿Por qué tanta gente los ve? Porque la mayoría prefiere ser espectador, porque ello no implica ningún riesgo. En cambio, los que se arriesgan, los que deciden ser protagonistas son los que se hacen ricos y famosos... ¿o no?

> *Todos quieres ganarse el Nobel de Literatura,*
> *pero son muy pocos los que se sientan a escribirlo.*
> *Gabriel García Márquez*
> *(Colombiano, Premio Nobel de Literatura 1982)*

En un oportunidad, estaba en una clase y una alumna indocumentada quería sacar su licencia de conducir. Me daba explicaciones que no la sacaba porque le quedaba muy lejos, que no estaban dando cita, que tenía que pegarse al teléfono por horas para conseguirse una. Entonces, yo le dije: "A ver, espérate un momentito, dime una cosa ¿Qué pasaría si la policía te detiene y te encuentra que estás sin licencia? Pongámonos en el peor de los casos: te lleva detenida y al ver que estás indocumentada, te enviará a Arapahoe (el lugar donde están las personas para ser deportadas). Ella es hondureña y había llegado a los EE.UU. de pequeña con su mamá y prácticamente no tenía ningún pariente en Honduras. Su marido y sus hijos están acá. Le dije: "Lo que te estás jugando es la posibilidad de no ver más a tus hijos o, por lo menos, te perderás toda su etapa de creciemiento. ¿Te gustaría eso para ti y para tus hijos? Y me dijo: "En realidad, maestra, no lo había pensado así" .

Le di dos semanas para que se consiguiera la cita. ¿Me van a creer que a la semana siguiente llegó con la cita tomada? Y estuvo varios años sin hacer nada. Todo lo que decía eran excusas. Pero cuando le presenté el reto y le describí las desventajas de no tener su licencia, o sea, los riesgos que corría por no tenerla, que por lo demás, eran bastante altos, prácticamente la familia se iba a deshacer, porque cuando falta la madre, por lo general, la familia se desintegra. Por eso es tan importante cuando se aboga por la unificación familiar.

Entonces chicos, deben pensar en las ventajas de hacer algo y las desventajas de no hacerlo. Siempre deben sopesar eso, siempre tienen que balancear qué ganan o qué pierden. Si están perdiendo, tienen que actuar.

Yo sé que muchos quieren sacar rápidamente su GED®, pero cuando piensan que les va a tomar más de un año ya no lo quieren hacer, les da flojera.

Un director estatal del GED® Testing Service hizo la declaración de que un estudiante de GED®, en promedio, se demora 3 años en sacar su GED®; y no estaba hablando de hispanos, sino que estudiantes americanos, de inglés como primera lengua y/o que han estudiado toda su vida aquí en los Estados Unidos y, por diversas razones, dejaron la escuela.

En el caso de Antártica Academy o su aula virtual www.gedfacil.com la realidad es similar. Piensen que están estudiando 12 años de escuela. Si alguien les dice que eso es mucho y que ellos lo sacaron en tres meses. Permítanme decirles que es relativo, el tiempo que demoren depende de muchos factores, cada persona es diferente, cada persona tiene una experiencia distinta, habría que ver hasta qué nivel llegó, qué tanto se acuerda, hace cuánto tiempo que dejó de estudiar, si estudió también en su casa, si estudió todos los días, cuáles son sus mayores habilidades. Hay muchos factores que influyen. Además, habrá que ver cuándo dio su examen de GED®. Si lo dio antes del 2014, en esa época todavía no se habían incorporado los 4 años de High School, es decir, se medía hasta grado 8 solamente. Si tomamos el examen de matemáticas, la materia más difícil era Teorema de Pitágoras.

No necesitas ver el camino, solo da tu primer paso y el camino irá apareciendo.

Martin Luther King (Estadounidense, Premio Nobel de la Paz 1964)

Mi consejo: pónganse a estudiar lo antes posible porque el camino no es corto, pero mientras más luego empiezan, más luego terminan.

Y ... no tengan miedo, actúen, ¡corran el riesgo!

Saludos,
Maestra Ximena.

Episodio 7: Revelando el Secreto # 4 (Disciplinarse).

Publicado: Octubre 5, 2019.-
Tiempo de audio: 14 minutos.

Audio   Para accesar el audio con tu celular, escanea el código QR de la imagen.

¡Hola, mis valientes del GED®!

Hoy revelo el secreto cinco del bucle de *Los 7 Secretos para tener éxito en mi GED®* ... y este secreto es:

Disciplinarse

Mucha gente anda en busca de la receta mágica, bueno, la disciplina es la receta mágica para seguir con pasión mis sueños, sin rendirme. La disciplina me llevará a lograr mi sueño, la disciplina es la parte crucial del proceso que te lleva al éxito. Sin disciplina no hay éxito. Sin disciplina, no hay avance. Ya hemos hablando en artículos anteriores de los secretos: uno (motivarse), dos (involucrarse) y tres (arriesgarse); pero estos secretos vienen de nuestra mente y de nuestro interior, son conceptos bastantes abstractos, difíciles de agarrar. Ahora, hablaré de algo muy concreto. Aquí, les voy a dar las herramientas que les permitarán poner en práctica lo que hemos visto hasta ahora. Les permitirá crear actividades que les lleven a conseguir el éxito, les permitirá hacer un seguimiento para posteriormente medir su avance. Lo primero que tienen que tener claro es que en realidad no existen recetas mágicas. Yo no puedo mover una varita, decir abra cadabra y barabúm sacar un conejo del sombrero. No chicos, eso no es así. La disciplina requiere tiempo y esfuerzo.

- Deben crearse un calendario
- Deben dividir las tareas en diferentes actividades
- Deben hacerse una lista de cosas por hacer diariamente.

Todo esto, que al principio parece denso, pesado, difícil e inalcanzable, si lo hacen paso a paso, si van dividiendo las grandes actividades en actividades más pequeñas, lo pueden lograr.

Tengan en cuenta que el éxito tampoco es un milagro de Dios. Si soy creyente y le pido a Dios, probablemente eso me ayude, eso me guíe y me dé fuerzas para seguir adelante, puede que de ahí saque mi fuerza de voluntad. ¿Recuerdan cuando hablábamos de la motivación y la fuerza de voluntad? Tal vez, eso nos ayude. Si somos creyentes y le pedimos a Dios, a Alá, a Jehová, al Universo, a San Expedito, a la animita de la esquina o a quien ustedes quieran y en quien crean. Puede que eso les ayude, puede ser que nos incentive y nos ayude para ponernos de pie y tomar acción. Eso es válido, siempre y cuando tomemos acción.

Pero si nos quedamos sentados, por mucho que le pidamos al cielo, no va a ocurrir nada, *nothing, niet, zero,* cero, absolutamente nada. ¿Por qué? Porque el éxito es un proceso que requiere tiempo y esfuerzo. Ya lo dije anteriormente: requiere tiempo y esfuerzo, pero hay mucha gente que no está dispuesta a invertir en tiempo y echarle ganas. Pero ¿qué es éxito? Éxito es cualquier cosa que tú quieras lograr y que lo logres. Cualquier cosa que te haga feliz, cualquier cosa que sientas que estás avanzando y alcanzando. Una de las cosas que hace más feliz al ser humano es el progreso, sentir que están avanzando. Cada persona elige su éxito y su nivel de éxito. Además, tengan en cuenta que el éxito varía a medida que lo vas logrando, es dinámico. Cuando logras una meta, ten por seguro que ha salido otra meta que quieres cumplir. Puedes crearte un gran sueño. Muchos autores dicen: "Piensa en grande". Si tomamos como ejemplo a Henry Ford, él soñaba con que cada familia tuviera un auto negro en su garage, obviamente marca Ford, por supuesto. En aquella época en que se hacían los automóviles en forma artesanal, es decir, uno a uno, fabricar un automóvil tomaba mucho tiempo, gracias a su sueño, no solo logró que el uso de automóvil se masificara, sino que, además, logró crear un sistema que hasta la fecha se usa en todas las industrias: la línea de producción. Si alguno de ustedes ya ha trabajado en fábricas, me imagino que está familiarizado con la línea de producción, pero si no es así, lo más probable que ha visto en más de una película una larga línea de mesones donde hay gente trabajando y cada uno está especializado en hacer una cosa muy específica. La producción en masa y la especialización fueron las bases para la Revolución Industrial. Esta materia la vamos a profundizar en el módulo de Estudios Sociales de las clases de GED®.

Todo este proceso permitió que se pasara de construir un solo producto, por una sola persona en un largo período a construir muchos productos, donde participan muchas persona en un período muy corto. Ahora, gracias a la tecnología, se hace más rápido, pero se sigue conservando la línea de producción; y en grandes industria, en vez de seres humanos, se han reemplazado a los trabajadores por robot. Por ejemplo, en Amazon, la empresa de ecommerce (comercio electrónico) más grande del mundo utiliza solo robots para almacenar y embarcar cada producto que vende. Y eso partió de una idea, la de un hombre que solo quería que cada familia americana tuviera un auto en su casa. Lo mismo pensó Steve Jobs, el creador de Apple, él quería que cada persona tuviera un computador en su escritorio. Por eso le llamó "personal computer (PC)" o computador personal. Tal vez, para las generaciones jóvenes, esto les parecerá extraño. Sin embargo, tan solo hace 40 años era impensable tener un computador en casa porque eran grandes máquinas que ocupaban espacios tan amplios como un garage. Además, por el alto costo, solo las grandes empresas se podían dar el lujo de tenerlos. Ahora, Elon Musk, creador del Tesla, uno de los primeros automóviles inteligentes. no pensó en competir con otras compañías de automóviles, él compite con la NASA, está construyendo naves espaciales que lo lleven a Marte. Pero para lograr eso, se requiere un proceso.

Un proceso consiste en planificar una serie de pasos, organizarlos, unos en forma secuencial y otros en forma paralela, pero llevarlos a cabo y ahí está la clave, llevarlos a cabo en forma disciplinada.

Si visualizas tu sueño, por ejemplo, sacar tu GED® y planificas el proceso, es decir, defines cada paso que debes dar para llegar a tu meta debes cumplirlo. Lo repito: Debes cumplirlo.

Si anotas en un papel y/o en un calendario lo que debes realizar cada día y lo cumples es muy probable que lo logres.

Al final del libro Los 7 secretos, hay un anexo con una serie de formularios que puedes utilizar, te guiarán y te ayudarán a realizar el proceso.

El problema que yo veo con mis alumnos es que no realizan todo el proceso, solo se quedan en el primer paso, en la visión, en el sueño, pero no se levantan para llevarlo a cabo. Siempre están pensando en que "algún día lo haré", "la próxima semana" "En enero empiezo". Nunca dan su primer paso. En otros casos, si dan el primer paso, a veces el segundo, quizás el tercero, pero se quedan a medio camino.

Disciplina es hacer todos los días lo que tienes que hacer, pero sin claudicar, sin rendirte. Por eso es tan importante que elijas lo que realmente te apasiona. Si no tomas acción, si no actúas, nada vas a conseguir...y, al final de tu vida, te vas a arrepentir. Dirás: Si hubiera hecho esto, si hubiera tomado esta decisión, si hubiera... si hubiera... pero chic@s, el "hubiera" no existe. Ni aquí, ni ahora, ni en el futuro.

Te invito a que tomes acción, te invito a que empieces. Comienza ahora. Comienza ya. Para que no sean como "El Chavo del 8" que siempre dice: "Siii lo hago, siii lo hago" y nunca lo hace.

¡Comienza ya !

Un abrazo, a los valientes del GED®.
Maestra Ximena

Notas del Blog

El libro Los 7 Secretos para tener éxito en mi GED® y los Libros de Ejercicios para el GED los encuentras en Amazon digitando "Maestra Ximena" , click en este enlace o copia esta url y pega en Google: amazon.com/author/ximenathurman
Si quieres tomar un curso gratuito, haz click en este enlace o copia esta url y pega en Google para que te lleve al aula virtual https://gedfacil.teachable.com/p/como-seguir-tus-estudios-en-los-ee-uu-o-canada-para-progresar-en-este-pais-ged

Episodio 8: Revelando el Secreto # 5 (Concentrarse)

Publicado: Octubre 22, 2019.-
Tiempo de audio: 13 minutos.

Audio Para accesar el audio con tu celular, escanea el código QR de la imagen.

¡Qué ta,valiente!

¿Cómo te enfocas en tu GED®?

Uno de los grandes problemas con que se encuentran las escuelas de GED® para que los estudiantes obtengan su Diploma de equivalencia al High School, es la alta tasa de abandono. Luchan semanas tras semanas para evitar que los estudiantes se boicoteen ellos mismos. Siempre andan buscando la más mínima excusa para no seguir estudiando y eso no solo le pasa a los chicos de las clases de GED® en español, también lo sufren los estudiantes anglos. En **artículos anteriores** traté uno de los grandes problemas: la falta de motivación. Ahora, les entregaré el Quinto secreto para el éxito del GED®.

En esta oportunidad desvelaré el Quinto secreto para el éxito del GED® del libro *Los 7 Secretos para tener éxito en mi GED* ... y este secreto es:

Concentrarse

Concentrarse significa **enfocarse**, apuntar hacia la meta. Poner atención en lo que se quiere lograr. En el libro hablé que uno de los secretos es la disciplina, es decir, hacer lo que tengo que hacer sin claudicar para obtener el GED®. Aquí en este artículo explicaré de qué manera hay que enfocarse para no rendirse.

La clave

La clave para enfocarse en las metas es la creación de un calendario, ya sea de las actividades mensuales, semanales y/o diarias.

Esto trabaja como un embudo, se parte de lo general a lo particular, de la misma manera que explico cómo trabajar un ensayo. Es decir, se puede iniciar por fijar las metas mensuales: qué se hará cada mes para ir cumpliendo cada una de las metas anuales. Al tener la meta del mes, se va dividiendo en tareas semanales y diarias.

Cómo organizarte

Para que esto resulte organizado, lo mejor es dibujar un calendario con lápiz y papel o bajarse un calendario desde internet, ir al supermercado y comprarse uno, adquirir una agenda, bajarse una de las aplicaciones al celular, etc. También, en la primera página de la web www.gedfacil.com te puedes descargar gratuitamente los formularios de *Los 7 Secretos para tener éxito en mi GED*®. Ahora, si eres de esas personas (como yo) que necesita tener el libro en sus manos para hojearlo, rayarlo, colorearlo, puedes obtener el libro directamente desde Amazon, donde lo vas a encontrar en formato digital como en papel.

Recursos para calendarizar

Si ya has adquirido el libro de los 7 secretos, puedes ir al final del libro, en el anexo y encontrarás los formularios que te ayudarán a crearte tu propio calendario, podrás diseñarte un proceso, tu propia estrategia que te lleve por tu camino al éxito. En este calendario podrás estampar tus metas y priorizarlas, es decir, ordenarlas de mayor importancia a menor importancia. Podrás calendarizarlas, o sea, colocar una meta en cada mes y después definir las actividades que realizarás en cada semana para lograr tu meta mensual. Allí, se te presenta el Formulario #6, llamado Calendarización y los Formulario #7 y Formulario #8 que están divididos por días y horas.

De esta manera, te podrás concentrar cada día y cada hora en una determinada actividad.

Tamaño de las actividades

Hay una cosa que tienes que tener en cuenta y esa es el tamaño de la actividad: si una actividad la vez muy grande, tienes que dividirla en actividades más pequeñas para que sean manejables y debes cumplir esas actividades diariamente.

Y aquí hay una pregunta que me hacen los estudiantes: "¿Cuándo me doy cuenta que la actividad es muy grande? ¿Cuándo tengo que dividirla?

Cómo dividir las actividades

Contestando la pregunta: Simplemente, cuando no tienes por donde "agarrarla", cuando no sepas por dónde empezar, cuando no ves algo concreto o cuando piensas que te va a tomar mucho tiempo, esto puede ser más de un día. Una actividad muy grande puede ser: Buscar una escuela donde estudiar. Entonces, como esa actividad es inmensa porque no se hace en diez minutos y requiere de muchos pasos para finiquitarla, debes colocarla como una tarea mensual en tu calendario. Por ejemplo, la escribes en el mes de enero, si piensas trabajarlo como un calendario anual (comenzando en enero y finalizando en diciembre); o si prefieres un calendario escolar, tendrías que empezar en agosto y terminarlo en mayo del siguiente año.

Entonces, suponiendo que te crearás un calendario anual, colocas en el mes de enero como meta: "Buscar una escuela de GED". Ahora, esa meta implica realizar muchas actividades pequeñas como por ejemplo, buscar en internet las escuelas online; o si prefieres tomar clases presenciales, sería encontrar escuelas cercanas a tu residencia. Pero internet no es la única fuente de información. Puedes encontrar información en la escuela de tu hij@, en la radio local, en la biblioteca de tu vecindario, en las revistas y periódicos. Como ves, hay varias actividades que debes realizar para recabar dicha información y asi ir creando paso a paso y dia a dia tu Quinto secreto para lograr el éxito en tu GED®.

De acuerdo a tu disponibilidad, puedes ir calendarizando, o sea, colocando en cada día la actividad que realizarás ese día. Ilustrando, Día lunes: Ir a la escuela de mi hij@ a consultar.

Dónde buscar información

Esta consulta la puedes realizar con el profesor de tu hijo@, con el consejero o con el liaison. El liaison es una posición dentro de las escuelas públicas y que, por lo general, entre otras cosas, es la persona encargada de buscar recursos comunitarios para la institución. Además, es quien está al tanto de becas, cursos, seminarios para los padres, etc.

Yo trabajé algunos años como liaison y conozco perfectamente las labores que realizan estas personas. En algunas organizaciones les llaman "Enlaces comunitarios". Así que un buen consejo es que te acerques a ellos. Si en la escuela no existe esa posición, tal vez te encuentres con un traductor que muchas veces realiza esa labor o a algún consejero o trabajador social.

Lo más importante, como siempre recalco en mis clases: pregunta, pregunta, pregunta. Bien dice el dicho: "Preguntando se llega a Roma".

El siguiente día, el martes, te vas a la biblioteca de tu sector y te lees el diario mural o le preguntas a un bibliotecario. El día miércoles te dedicas a escuchar la radio.

Recursos audio-visuales

En Denver, existe una radio bilingüe del distrito escolar que transmite toda la semana y siempre está dando información de recursos para la comunidad hispana. Puede que en otros estados también halles una emisora con estas características o algún canal de televisión pública que tenga este servicio.

De hecho, a mí siempre me invitan a programas de radio o televisión para que informe sobre el GED®. En el tab o pestaña "PodCast" de la web (www.gedfacil.com) , encontrarás un audio de uno de los programas de radio del DPS (Denver Public Schools – Educa Radio) donde hablé en el año 2013 acerca de los grandes cambios que se avecinaban en el examen de GED® de la siguiente década. Siempre invitan a gente muy interesante para que den noticias a la comunidad sobre diversos recursos.

Detallando

Después que tengas todos estos datos, vas bajando en el embudo, o sea, entrando en detalles; y el siguiente nivel sería averiguar dónde está la escuela, cuándo comienzan las clases, los horarios que ofrecen, con qué recursos cuenta la escuela, etc. Siempre y cuando se refiera a una escuela presencial, ya que las escuelas online, por lo general, inician las clases de inmediato, en forma automática. Al momento que hagas el pago te abren las clases y no hay horario, es decir, tienes acceso 24/7 (las 24 horas del día, los 7 días de la semana) como es el caso de nuestra aula virtual.

Una vez que tengas toda esta información, te debes dedicar a analizarla. Eso significa, comparar y contrastar todas las escuelas para evaluar, finalmente, cuál es aquella que más te acomoda, ya sea, una escuela online o una escuela presencial.

Dependiendo de tu disponibilidad de tiempo, esto te podría tomar un mes, o sea, cada actividad que te mencioné, gastarías una semana. En total, no debieras estar más de un mes en esta tarea. Al final de ese período, ya sabrás, al menos, las escuelas disponibles, fechas de inicio de clases, horarios, etc.

Aunque aún no te matricules, ya tendrás claro las fechas de matrículas. Pero no dejes pasar más tiempo.

Convirtiendo tu sueño en realidad

El Quinto secreto para el éxito del GED® lo podemos resumir en dos palabras: Tomar acción. Nada de esto te servirá si no te matriculas y empiezas tus clases. De lo contrario, será papel muerto.

Entonces, **¡Actúa ya!**

Tienes que levantarte todos los días con una lista de cosas por hacer y acostarte todas las noches con las actividades realizadas. Yo lo hago así, me voy a la cama y antes de quedarme dormida, realizo mi lista; de tal manera que al despertar cada mañana, ya tengo confeccionada y enumerada las cosas que haré ese día. En la noche, antes de escribir la del día siguiente, me dedico a revisar y tachar todas las tareas que hice en esa jornada. ¿Les comenté que una de las cosas que más disfruto es justamente corroborar que he realizado mis tareas diarias? Y si algo no consigo ese día, lo coloco en la lista del día siguiente.

Recapitulando

Ten presente que todo parte de un pensamiento y para que ese pensamiento se convierta en realidad, tiene que ocurrir una acción. Una acción te lleva a cumplir tu meta, te lleva a tu punto final. Eso quiere decir, que tienes que levantarte y hacer lo que tienes que hacer. Por ejemplo: hacer una llamada telefónica para averiguar sobre las clases. Revisar en Internet. Ir a la escuela. Acercarte a la biblioteca de tu barrio para obtener los datos. Preguntarle a tus amigos, al consejero de la escuela, etc.

¡Así que (lo repito) actúa ya !

El Quinto secreto para el éxito del GED®: **Concentrarse**, es uno de los elementos importantes para lograr tus metas y evitar abandonar a medio camino, porque, recuerda, cada día estás construyendo tu futuro.

*La clave de tu futuro está escondida
en tu vida diaria*

*Pierre Bonnard
(Pintor francés)*

Y con este pensamiento, nos vamos...
Hasta la vista,
Maestra Ximena.

Episodio 9: Revelando el Secreto # 6 (Resistirse)

Publicado: Noviembre 7, 2019.-
Tiempo de audio: 10 minutos.

Audio   Para accesar el audio con tu celular,
escanea el código QR de la imagen.

¡Bienvenidos, bienvenidas al Imperio del GED®!

En esta oportunidad develaré el secreto número seis de *Los 7 Secretos para tener éxito en mi GED*® … y este secreto es:

Resistirse

La clave para lograr las metas es **No rendirse.** Como lo he dicho anteriormente, el éxito instantáneo no existe. El éxito es un proceso. Cada día debo dar un paso que me acerque a mi meta y para ello debemos resistirnos a las tentaciones. Si estoy haciendo una dieta para bajar de peso, debo resistirme a la tentación de comer algo rico con muchas calorías o comer más cantidad de la que necesito. Si estoy estudiando para mi GED® y me invitan a una fiesta, debo resistirme, debo decir: "No, gracias". Y seguir estudiando.

Trabajando en el área tecnológica tenía que estar permanentemente actualizada. En varias oportunidades tomé cursos de perfeccionamiento en mi carrera y mucha veces tuve que dejar de asistir a fiestas o eventos importantes, si quería lograr alguna certificación.

Recuerdo que en una oportunidad, un primo organizó un encuentro familiar. Nos ibamos a juntar todos los primos y tíos en un campo (un rancho o finca) para sociabilizar y conocernos un poco más y a muchos de ellos ni siquiera los conocía. Pero, ese fin de semana, tenía un importante examen que me impidió ir. Y digo "me impidió" porque sacar esa certificación era prioritario para mí. Mi pasión me prohibe poner por delante otros compromisos. Mis prioridades ya estaban fijadas.

La pasión por lo que haces o por lo que quieres alcanzar
es lo que te hace avanzar.

El año 2013, era el último año que se tomaba el GED® con la antigua versión de la década (2003-2013), había mucha gente tratando de terminarlo y, por primera vez, en todo el tiempo que llevaba dando clases, el GED® Testing Service, la organización oficial que toma los exámenes, decidió mantenerse abierta y tomar exámenes en el período de vacaciones. Eran vacaciones de invierno, durante los días de Navidad y Año Nuevo, y en esa fecha se tomaron pruebas hasta el 31 de diciembre. Yo había terminado las últimas clases de Matemáticas, pocos días antes de Navidad, esperando que mis estudiantes fueran a dar sus últimos exámenes. A la semana siguiente, recibí llamadas de algunos de ellos, muy contentos contándome que habían aprobado todos sus exámenes. Normalmente, yo no sé absolutamente nada de cómo les ha ido a mis estudiantes hasta que ellos me llaman. El GED® Testing Services no me informa de nada porque es una información privada de cada estudiante, solo se la dan al estudiante en cuestión. Para hacer corto el cuento, la segunda semana del siguiente año, me llama una alumna, recuerdo que se llama Perla, y me pregunta si había alguna posibilidad de tomar el examen, porque en realidad se le había olvidado ir a tomarlo. Me cuenta que estaba en su casa y que su marido le propone que porqué no se van con los niños a México a pasar las fiestas... y se fueron. Dice que se le olvidó completamente. Y era el último examen que le faltaba, solo Matemáticas. Lo paradójico de la situación es que yo consideraba que Perla estaba bastante bien preparada y no me cabía ninguna duda que iba a pasar su examen.

Yo me pregunto, si algo es tan importante para ti, ¿se te va a olvidar? Si ya has estado estudiando por varios meses, ¿cómo es posible que se te olvide? Yo lo habría tenido marcado en todos mis calendarios. Esto me indica que en realidad sacar su GED®, para Perla, no era tan importante, a pesar que ya había aprobado los exámenes anteriores. ¿Qué le hizo rendirse? ¿Por qué se boicoteó de esa manera y tan a última hora? ¿Qué le impidió avanzar? Habría que escarbar un poquito más en su mente, en sus miedos y en las barreras que le impedían avanzar. Ya lo hemos visto en episodios anteriores: muchas veces es el miedo que nos detiene y no podemos seguir adelante.

Cualquier momento es bueno para comenzar
y ninguno es tan terrible como para claudicar.
Pablo Neruda (Poeta, Premio Nobel de Literatura)

Otro distractor importante es la compañía con la que nos rodeamos. Si me junto con gente que tiene similares objetivos, nos animamos a seguir adelante. Nos empujamos mutuamente y así cuidamos uno del otro para no abandonar. Pero si estamos con gente que nos chupa energía o que siempre nos dice que no vamos a lograrlo, que no podemos, que abandonemos mejor (ya sea porque desconfía en nuestras capacidades o por envidia). Y nos tira para abajo, haciendo que sea más difícil avanzar. Es una carga mucho más pesada. Por eso es importante rodearte de gente positiva, especialmente de tus compañeros de estudios. Por eso es tan importante crearte una comunidad. Personas que están en las mismas que tú, que tiene los mismos objetivos, aquellas con las que hablas de lo mismo. Yo sé y me consta que muchos de mis estudiantes se dejan llevar por lo que dice la esposa, el marido, el amigo, la mamá. Escuchan comentarios como estos: ¿Todavía estás estudiando para el GED®? ¿Cuándo lo vas a sacar? Mi primo lo sacó en tres meses...y etcétera, etcétera, etcétera. Lo primero que les preguntaría es: "¿Y sabes cuándo lo sacó tu primo? Porque si lo sacó antes del 2014, probablemente le tomó 3 meses. De hecho, los cursos que yo enseñaba antes del 2014, tenían una duración justamente de tan solo tres meses. Y di más de ochenta cursos de tres meses de duración, pero en ese tiempo, el grado de exigencia del GED® era solo hasta grado 8, pero a partir del 2014, se le agregaron los 4 años de high school que no tenía. También, tienes que considerar otros factores como: hasta qué nivel llegaste; hace cuántos años que dejaste de estudiar; cuánto es lo que te acuerdas; si la materia que estudiaste, la aprendiste bien o no. Depende, también, de tus habilidades. Hay gente que tiene más habilidades para escribir y otras que tiene más habilidades para las matemáticas y, por supuesto, lo más importante: el tiempo que dispones y que le dediques a tu estudio.

Entonces, no te puedes comparar con otros ni permitas que te comparen. Cada persona es diferente, lo importante es que sigas tu ritmo y lo saques cuando estés preparado o preparada.
Lo importante es que avances sin rendirte y si fallas una vez, ¡vuelve a intentarlo! No te dejes vencer, hay que tener coraje.

*El coraje no es tener la fuerza para seguir adelante,
es seguir adelante cuando no se tiene la fuerza.*
Napoleon Bonaparte (Militar y Emperador de Francia)

Si quieres ahondar más sobre este tema, te dejo acá abajo el enlace al libro.

Un abrazo, valiente del GED®.
Maestra Ximena

Notas del Blog
El libro Los 7 Secretos para tener éxito en mi GED® lo encuentras en Amazon digitando "Maestra Ximena" o en este enlace o copiando esta url y pegándola en la barra de búsqueda de Google amazon.com/author/ximenathurman

*Si quieres tomar un curso **gratuito**, haz click a este enlace o copia la siguiente url y pégala en la barra de búsqueda de Google para que te lleve al aula virtual https://gedfacil.teachable.com/p/como-seguir-tus-estudios-en-los-ee-uu-o-canada-para-progresar-en-este-pais-ged*

Episodio 10: Revelando el Secreto #7 (Evaluarse)

Publicado: Noviembre 26, 2019.-
Tiempo de audio: 14 minutos.

Audio   Para accesar el audio con tu celular,
escanea el código QR de la imagen.

¡Qué tal, valientes!

En esta oportunidad desvelaré el secreto # 7 (y último) del libro *Los 7 Secretos para tener éxito en mi GED* ®… y este secreto es:

Evaluarse

Mis estudiantes en las clases presenciales saben que en cada prueba, quiz, test o examen que les tomo, les pongo la siguiente oración:

Tu resultado está en directa relación al tiempo que le hayas dedicado al estudio.

Con esto quiero decir que al examen no se viene a improvisar. Si no has estudiado nada o muy poco, no esperes tener buenos resultados. Muchos estudiantes tienen la expectactiva que con solo venir a clases o ver los videos es suficiente y quieren terminar rápido antes de que se les acaben las ganas, antes que se les acabe el combustible. La última etapa del bucle del libro *Los 7 Secretos para tener éxito en mi GED®* es **evaluarse**, eso quiere decir, medirse.

La única forma de medir cuánto has avanzado es ver desde donde partiste y a dónde llegastes o dónde estás ahora. Pero no puedes evaluar tu avance si no has pasado por cada una de las etapas. Y este es el problema de la mayor cantidad de estudiantes, quieren partir y terminar en un santiamén, en forma acelerada, saltándose cada una de las etapas. Yo no sé si eso será la influencia del salto cuántico o los cientos de videos y libros que encuentran en el mercado diciendo que pueden obtener el resultado que quieran en tan solo un día (por ser un poco exagerada). Pero eso tampoco viene desde ahora. Recuerdo que mi papá tenía en su biblioteca un libro que se titulaba: "Aprenda francés en 10 días". Y aquí les voy a hacer la siguiente pregunta, en especial, a aquellos que llegaron como inmigrantes. Los que viven en Estados Unidos y Canadá van a entender lo que digo: ¿Cuánto tiempo les ha tomado aprender inglés (o francés, si estás en la parte francesa de Canadá)? Ahora, si ya lo aprendiste, ¿crees que lo dominas? Yo llevo aquí en este país, en los Estados Unidos, casi veinte años y todavía sigo aprendiendo inglés. Pienso que es muy difícil dominar una segunda lengua, especialmente, si la aprendes ya de adulto.

Hace algunos minutos estaba hablando por Skype con uno de mis hermanos, quien venía llegando de una Maratón de Río de Janeiro (Brasil). Mi hermano es abogado, pero ahora que sus hijos son profesionales y que no necesita trabajar tanto para pagar universidades y apartamentos para ellos, tiene mucho más tiempo libre y ese tiempo lo dedica a prepararse para estas maratones. En Río, corrió 42 kilómetros. Eso significa que tiene que estar corriendo aproximadamente 3 horas y para ello está meses y meses preparándose: haciendo gimnasia para fortalecer los músculos, trabajar el ritmo cardíaco, la nutrición, su mentalidad, etc. Se enfoca durante todo ese tiempo en la Maratón. Realiza una rutina diaria de ejercicio, mantiene una disciplina. En síntesis, el viaja con un propósito porque después que participa en las competencias, se dedica a pasear con su esposa. Pero lo más importante, él toma esta actividad seriamente, se prepara a conciencia, porque no cualquiera corre 42 kilómetros.

Sin embargo, mientras conversábamos de su experiencia en Río, me contaba de la cantidad de gente que queda por el camino: personas acalambradas, personas deshidratadas ... y lo dejaré hasta ahí para no entrar en detalles. Y dentro de esta conversación, mi hermano me dijo algo que me impulsó a preguntarle: ¿Me estás diciendo que hay gente que participa en una competencia de esa envergadura sin prepararse? Sí, me contestó. Hay mucha gente que participa en estas competencias sin prepararse y uno de los grandes enemigos y causantes de esta conducta son las famosas frases motivacionales: *You can do it!* ¡Tú puedes! ¡Eres capaz de hacer lo que quieras! ¡Todo está en tu mente! Realmente, a mí me sorprendió. No por las frases motivacionales porque a mí me encantan. Uds. ya se han podido dar cuenta en este blog, en mis podcasts y en los libros de ejercicios que he escrito para el GED®. Yo las uso bastante. Porque te ayudan a partir, son la mecha que te permite encender la vela. Aunque, también, le encuentro la razón, en el sentido que si van a correr con solo haber dado el primer o segundo paso de todo el ciclo que yo les enseño (como es la visión y la motivación), pero no se preparan fehacientemente, es solo una máscara, es como los escenarios de Hollywood o del teatro: muy lindos, se ven muy bien por fuera, sin embargo, por dentro no hay nada. No hay nada consistente, no hay un proceso de preparación. Es una lástima porque se produce un gran fracaso. Por otro lado, hay que tomarlo positivamente, porque a partir de esas fallas se obtiene un aprendizaje, se gana experiencia.

Permítete fallar, de los errores aprendemos

Como lo dije anteriormente, tu resultado depende del tiempo que le hayas dedicado al estudio. Entonces, debes revisar tus resultados, analizarlos, debes preguntarte el porqué fallaste, qué te faltó aprender, cómo debes prepararte mejor. Una vez hecho el análisis, debes volver a intentarlo, reiniciar el proceso, volver a fijarte metas y definir estrategias, esto quiere decir, qué harás esta vez y cómo lo harás. Debes preguntarte: ¿Cómo puedo hacerlo mejor? ¿Cómo ser consistente con mi disciplina? Recuerda que no siempre tienes que partir desde cero. No tienes que volver al punto inicial, sino que partes desde donde estás, donde te quedaste y reinicias el proceso desde allí. Por ejemplo, si ya aprobaste un examen, olvídate de él. Y enfócate en el siguiente examen; o si no aprobaste un examen, pero te diste cuenta que ciertas materias ya las tenías dominadas, enfócate en aquellas que desconoces. Ten en cuenta que el proceso de aprendizaje es un bucle, es decir, un círculo que se puede ir repitiendo hasta tener las materias dominadas. El método que utilizo en mis clases es un método en espiral donde se va incrementando el grado de dificultad y se basa en la repetición. De allí la cantidad de herramientas que proveo en las clases, de manera que el estudiante vaya repitiendo lo que vio en los videos de diferentes maneras hasta aprenderlo.

Sin repetición no hay aprendizaje

Pero no se trata de repetir como papagayo todo lo que digo en los videos, porque eso sería muy aburrido, sino que utilizando todas las herramientas que proveo en las clases. Cada video tiene un quiz para que vayas midiendo la comprensión del video. Eso te dará una idea si estás asimilando la materia, después tienes las tarjetas relámpagos (flashcards) que son una efectiva manera de aprendizaje. Consiste en hacerte preguntas para que pienses cómo podrías contestar esas preguntas. También utilizo la técnica *gamification,* por eso trabajan con los juegos digitales. Consiste, tal como el nombre lo indica, en jugar con la materia y lo puedes hacer de distintas maneras presentando diferentes desafíos. Como les comenté en el episodio sobre <u>Mnemotecnias</u> (donde les enseño técnicas para memorizar), utilizo muchos acrónimos para que se les haga fácil el aprendizaje. Por otra parte, tienen los libros que contienen rimas, juegos, autoevaluaciones, preguntas tipos, video clips (canciones). Todas esas técnicas están incorporadas en las clases y no las vas a encontrar en ningún otro curso de GED®. Ellas te ayudarán a completar tu camino al éxito.

Tú eres responsable de tu propio aprendizaje

Todo esto es un proceso, no existen soluciones mágicas, la única magia la creas tú ¡Mira, qué lindo! Tú serás el creador de tu destino.

Sé que mucha gente no está dispuesta a avanzar por todo este proceso y una de las preguntas más frecuentes que me hacen es: "¿Y cuánto tiempo me tomará sacar mi GED®?" Depende. Eso depende de ti. El material ya está. Depende de ti si lo aprovechas.

El otro día, leyendo un documento, uno de los directores estatales de un GED Testing Service (no recuerdo su nombre) decía que en promedio a un estudiante le tomaba tres años en sacar su GED®. En promedio significa que algunos les tomará un poco más tiempo y otros un poco menos. Y yo puedo corroborar esto. En nuestra escuela, Antártica Academy, donde los estudiantes vienen a tomar las clases presenciales acá en Colorado, algunos se demoran más de dos años y otros un poco más de tres. Todo depende de las ganas que le echen. Así que no esperes saltarte el proceso o dar un salto cuántico. Todavía los seres humanos no estamos preparados para esto. Así que ten paciencia y da un paso a la vez.

Cada logro, cada avance del conocimiento,
depende de la resistencia contra uno mismo.

Friedrich Nietzsche (Filósofo y poeta alemán)

Un abrazo y ¡manténganse en casita !
Maestra Ximena

Notas del Blog
*Si quieres tomar un curso **gratuito**, haz click al siguiente enlace y te lleva a nuestra aula virtual*

Episodio 11: ¿Cómo utilizar los formularios?

Publicado: Diciembre 5, 2019.-
Tiempo de audio: 13 minutos.

Audio   Para accesar el audio con tu celular, escanea el código QR de la imagen.

Debido a que mucha gente me ha enviado correos para preguntarme cómo deben usar los formularios del libro "Los 7 Secretos (...)" o si es necesario comprar el libro de los formularios.

En primer lugar, si ya compraron el libro Los 7 Secretos (...), el más pequeño, pero grueso, y lo van a usar solo para Uds. y una sola vez, no es necesario que compren el libro más grande y delgado que tiene un letrero amarillo que dice *Formularios* porque esos formularios ya están incorporados en el anexo del libro pequeño.

Si quieren utilizarlo para otra ocasión pueden adquirirlo.

Algunas mamás, estudiantes de acá de la escuela, me han dicho que les han comprado el folleto de los formularios a sus hijos, uno para cada hijo para enseñarles a planificar su vida. Lo que me parece excelente idea para que desde ya aprendan.

También, algunos profesores, me han contado que le han comprado los folletos para los estudiantes y ellos les leen el libro en clases, entonces los estudiantes van completando los folletos cuando se requiera.

Si quieren ahondar más sobre este tema, les dejo acá abajo el enlace al libro.

Un abrazo, valiente del GED®.
Maestra Ximena

Notas del Blog

El libro Los 7 Secretos para tener éxito en mi GED y los Libros de Ejercicios para el GED los encuentras en Amazon digitando "Maestra Ximena", en este enlace o copia y pega esta url en Google: amazon.com/author/ximenathurman

*Si quieres tomar un curso **gratuito**, haz click aquí o copia y pega en Google el siguiente enlace:*
https://gedfacil.teachable.com/p/como-seguir-tus-estudios-en-los-ee-uu-o-canada-para-progresar-en-este-pais-ged

Episodio 12: ¿Cómo leer en forma comprensiva?

Publicado: Diciembre 26, 2020.-
Tiempo de audio: 14 minutos.

Audio   Para accesar el audio con tu celular,
escanea el código QR de la imagen.

¡Qué tal, qué tal mis valientes del GED®!

En el Nivel 4 del Módulo de Gramática de nuestras clases de GED, en el aula virtual de esta plataforma https://www.gedfacil.com tengo 23 lecciones donde enseño diferentes estrategias de lectura comprensiva que se necesita aprender para aprobar el examen de GED®.

En esta oportunidad, les voy a mostrar cinco estrategias para leer comprensivamente.

Lectura Comprensiva

Pero ¿por qué es importante que aprendan a leer comprensivamente?

Porque, en primer lugar, el GED® mide, en todos sus exámenes, comprensión de lectura y velocidad en la lectura. Comprensión significa: lo que se dice en el texto, la connotación que tienen las palabras y el significado que el autor le da. Si no se es capaz de leer comprensivamente es como estar leyendo una hoja en blanco. Además, la comprensión de lectura se miden en los cuatro exámenes de GED®, inclusive en el examen de Matemáticas. ¡Aunque no lo crean!

¿Sabían que hay mucha gente que le va mal en el examen de Matemáticas porque no sabe leer comprensivamente?

Probablemente, se preguntarán: "Y eso, ¿qué tiene que ver?" Bueno, tiene mucho que ver.

Algunos estudiantes piensan que les van a colocar una fracción (o un quebrado, como lo conocen varios) y tendrán que resolverlo. Pero no es así. En el examen de Matemáticas les presentarán un problema de planteo, donde les mostrarán una situación dada y les entregarán datos para resolver una pregunta. Para contestar dicha interrogante, van a tener que reunir todos los datos y hacer los cálculos. Pero hay muchos estudiantes que no entienden qué realmente les están preguntando. El principal contratiempo es que si no conocen un vocabulario matemático básico pueden tener confusión al leer el enigma. Por eso es que en el Módulo de Matemáticas he creado un video que explica el significado de muchas palabras que se usan en el lenguaje matemático. Como por ejemplo: incrementar, decrementar, perpendicular, paralelo, transversal, incógnita, inverso, relación directa, inversamente proporcional, por nombrar solo algunos.

Lectura Veloz

La otra habilidad importante que mide el GED® es la velocidad en la lectura. Todos los exámenes miden cuán veloz son. Pero no se trata de que les pongan un reloj y les digan comiencen a leer para tomarle el tiempo. No, no es así; sino que cada examen tiene un tiempo límite y eso hace que deban ajustarte a dicho tiempo. Por darles una guía, el examen de Gramática (RAL), en su segunda parte, donde se escribe el ensayo, tendrán 45 minutos para bosquejarlo y redactarlo. Pasado los 45 minutos, el teclado se bloqueará y no podrán escribir ninguna palabra más.

Pueden ver el video "Contenido de las pruebas del GED®", del Módulo de Orientación, donde se muestra el tiempo de cada examen y la cantidad de preguntas.

Aunque el número de interrogantes puede variar, porque ello va a depender del número de respuestas seguidas que entreguen correctamente (como dicen los americanos:"en una row", o sea, en una fila). Esto quiere decir que si contestan correctamente dos de ellas, una detrás de otra, sobre el mismo tópico (por dar un patrón), el software considerará que esa materia ya se domina, entonces, no seguirá haciendo el mismo tipo de preguntas y pasará al siguiente tópico. Eso explica por qué algunos estudiantes afirman que tuvieron menos preguntas que otros de sus compañeros. Y eso se debe a que ya habían contestado dos o tres seguidas en forma correcta.

Tiempo del test de GED®

Vamos al tiempo, tomemos como muestra el examen de Matemáticas.

Para contestar todas las preguntas que les presentan en el examen, en promedio, no se puede gastar más de 3 minutos y medio en cada pregunta.

Esto quiere decir que tendrán que leer el problema, recolectar los datos, ver lo que están preguntando, hacer los cálculos y resolver el ejercicio en tan solo 3 minutos y medio.

¡Uy! Lo sé. Suena aterrador.

Por eso tengo un nivel completo en el <u>Módulo de Gramática (Nivel 4)</u> donde enseño estrategias de lectura.

Importancia de la lectura comprensiva en la vida diaria

Sin embargo, leer comprensivamente y velozmente no son habilidades que se necesitarán solo para el examen de GED®, sino que servirán para toda tu vida.

Como ciudadanos van a tener que leer y/o firmar una serie de documentos legales, entre ellos, contratos de trabajo, contratos de arrendamiento o *leasing*, de compra-venta de sus casas o automóviles, los formulario de impuestos, un papel de garantía de un televisor o el último electrodoméstico que compraron, un proyecto de ley sobre el cual se debe conocer, entender y decidir para votar en conciencia, una carta de la escuela de los niños, etc. Como ven, la lectura comprensiva la van a necesitar en toda su vida adulta.

Si no son capaces de leer comprensivamente, tienen dos posibilidades: o pedirle a alguien que les lea y les explique el documento o firmar sin entender nada (y en muchos casos pasa eso).

Esto conlleva algunos inconvenientes. El primero, que el individuo se pueda aprovechar de la falta de comprensión y trate de engañarles y/o, el segundo, dejar expuesto a extraños o gente poco confiable los asuntos privados.

Para evitar el engaño o depender de otras personas que les lean los papeles personales, **deben prepararse**. Como ven, leer comprensivamente no solo les servirá para el examen de GED®, sino que para sus actividades cotidianas.

Los cinco consejos para el GED®

Consejo # 1: Leer, leer, leer.

Aunque esto parezca de Perogrullo, la única forma de mejorar la lectura comprensiva es leyendo.

Yo sé que muchos de mis estudiantes jamás han leído un libro completo (porque me lo han confesado en las clases presenciales). Pero hay que tratar de hacerlo. No hay recetas mágicas.

Hay gente que le cuesta leer porque tiene problemas a la vista. Asegúrense que ese no sea el caso. A veces, es algo tan simple de solucionar como comprarse lentes para leer. Tienen que ir descartando cuáles son los problemas. Por ejemplo, hagan la siguiente prueba: Vayan al supermercado y en la sección "Farmacia" tomen una caja de medicina y traten de leer las instrucciones, aquellas que están con letra chica. Si no pueden leerlas, busquen unos lentes para leer que, generalmente, los encontrarán en la misma zona y vuelvan a leer las mismas instrucciones con los lentes puestos. Cambien de lentes de acuerdo al tipo de aumento y sigan probando. El tipo de aumento lo encontrarán señalado en los mismos lentes como +1, +1.25

+1.5, +2, +2.5, + 3, etc. hasta que encuentren el lente que les acomode. Ahora, si después de esto, no resuelven el problema, les aconsejo que pidan cita con el oculista.

Consejo #2: Lean lo que les guste

Empiecen por leer temas que les guste. Si no saben qué leer, aquí les dejo un enlace a videos que tengo en mi canal de Youtube en la sección *Mi Rincón Literario* . También en el *Libro de Ejercicios Módulo de Gramática Nivel 4*, encontrarán al final del texto una lista de casi 100 libros. Y hay todo tipo de libros: clásicos, modernos, de autores latinoamericanos, libros de cuentos, de misterio, teatro, poesía, etc. El cuánto leer para el examen de GED® va muy relacionado con lo que les motiva leer.

No importa qué libro lean,
lo más importante es que comiencen a leer
¡ahora, ya!

Como les digo, lean sobre lo que les gusta. Si les gusta el fútbol, lean sobre fútbol. Si les gusta la cocina, lean sobre cocina. La motivación juega un papel importante cuando de leer se trata. Tal como lo describo en el libro *Los 7 Secretos para tener éxito en mi GED®*

Existen muchas bibliotecas donde puedes pedir prestado. Los libros los puedes leer ahí mismo. Y si quieren llevárselos para la casa por un tiempo, solo tienen que pedir una tarjeta en la biblioteca, ellas son gratuitas. Solo necesitan un *ID*, es decir, una identificación con su foto y un comprobante de domicilio. Y este puede ser un sobre de una carta que les llegó, un balance del banco (statement), una cuenta del teléfono (bill), etc. También pueden bajar ebooks (libros electrónicos). Hay muchas plataformas (gratuitas y de pago) como es el caso de Kindle

Unlimited, la versión digital de Amazon, que si pagan una membresía de $10, pueden bajar todos los libros que deseen, ya sea al pc, al tablet o al celular. Entre las plataformas gratuitas les recomiendo la plataforma "Qué libro leo".

Consejo #3: Consultar el diccionario

No teman consultar el diccionario; hay muchos diccionarios en línea y ellos les ayudarán a ampliar su vocabulario. Mientras más palabras conozcan, más fácil se les hará la lectura. Recuerden que deben manejar un vocabulario a nivel académico. Esto quiere decir, más amplio que las palabras que usan cotidianamente en la casa o con los amigos.

Consejo # 4: Aplicar el vocabulario nuevo

Cada palabra nueva que aprendan comiencen a aplicarla en su vida diaria. Ya sea, diciéndola o <u>escribiéndola en sus ensayo</u>s. Les recomiendo que cada palabra nueva que escuchen o lean, busquen su significado en el diccionario y anótenla en un cuaderno. Busquen sinónimos (palabras que significan lo mismo) y antónimos (palabras que significan lo opuesto) y escriban una oración completa aplicando la palabra para que la practiquen. Eso les ayudará a retenerla.

Consejo #5: Comiencen por las preguntas

Este es un consejo que recomiendo que apliquen directamente en los exámenes de GED®. Antes de que empiecen a leer los textos que se presentan en el examen, comiencen por leer las preguntas. Solo las preguntas, no necesitas leer las posibles respuestas. Ellas les darán una visión general del texto. Es probable que obtengan de inmediato la idea principal y les ayude a concentrarse y enfocarse en la lectura. Con ello, evitarán distraerse.

La lectura es a la mente,
lo que el ejercicio es al cuerpo.
Joseph Addison (escritor inglés)

Y… ¡ chachán! Llegamos al final. Muy bien, chicos y chicas, aquí estuvieron mis cinco consejos para que mejoren la lectura comprensiva.

Un abrazo virtual a todos.
Maestra Ximena

Notas del Blog

El libro Los 7 Secretos para tener éxito en mi GED y los Libros de Ejercicios para el GED los encuentras en Amazon digitando "Maestra Ximena" o en este enlace

Si necesitas ejercicios para mejorar tu lectura comprensiva, puedes encontrar el libro de ejercicios en Amazon digitando "Maestra Ximena" o aquí

*Si quieres tomar un curso **gratuito**, haz click al siguiente enlace y te llevará a nuestra aula virtual*

Episodio 13: Aclaración de últimos cambios (2016)

Publicado: Enero 7, 2020.-
Tiempo de audio: 12 minutos.

Audio   Para accesar el audio con tu celular, escanea el código QR de la imagen.

¡Hola valientes del GED®!

Aunque han pasado varios años desde que se hizo el cambio a los exámenes de GED® 2014 y su posterior actualización (2016), todavía hay gente que me hace algunas preguntas con respecto a la versión anterior de GED® (2003-2013). Entonces, aquí voy a hacer algunas aclaraciones "para esas almas confundidas".

Aclaración # 1:

Si rendiste todos tus exámenes antes del 2014 y los pasaste todos, pero no te llegó el diploma, puede que haya habido un error en tu dirección o te cambiaste de domicilio. Entonces, debes pedirlo a través de la página web www.Diplomasender.com Si lo pides por primera vez, no tiene costo, pero cada copia adicional sí tiene un costo. Debes pagar con tarjeta de débito o crédito por el mismo sitio. Asegúrate de dar la dirección correcta y actualizada.

Aclaración #2

Si diste algunas pruebas (antes del 2014), pero no todas o no las aprobaste todas, no existe ninguna posibilidad de recuperar esos puntajes porque no hay equivalencias con respecto a las calificaciones anteriores. Por ejemplo: en la versión anterior (2003-2013) la escala de puntaje iba entre 200 a 800 puntos y el puntaje de aprobación era de 450 puntos. Ahora, la escala va solo hasta 200 y el puntaje mínimo de aprobación es 145 puntos; así que si no aprobaste tu examen el 2013 (o antes) tendrás que volver a tomar todos los tests. No hay vuelta atrás. Así que ¡olvídate de los puntajes anteriores! Tienes que partir de nuevo.

Aclaración #3

Cuando se lanzó la nueva versión 2014, se hizo un lanzamiento susceptible de ser mejorado.

El 2015 se revisaron los resultados y se hicieron las siguientes modificaciones:

Se permite entrar con tu propia calculadora. Así que gozarás de una calculadora física. Pero tiene que ser el mismo modelo que ellos utilizan en la calculadora virtual (Marca Texas

Instrument – Model TI 30 XS Multiview) La puedes encontrar en la mayoria de los supermercados o tiendas de suministros de oficina.

Se eliminó el ensayo en el examen de Estudios Sociales.

Se bajó el puntaje de aprobación en 5 puntos (de 150 puntos a 145 puntos). Esto quiere decir que entre el 2014 y 2015 el puntaje minimo de aprobación era 150 puntos en cada examen. Ahora es de 145 puntos por cada examen.

Aquellas personas que dieron el examen los dos primeros años, es decir, entre el 2014-2015 y obtuvieron puntajes entre 145 puntos y 149 puntos, o sea, no lo aprobaron con la regla anterior, no necesitan hacer absolutamente nada. Su estatus o estado ha cambiado, automáticamente, de "reprobado" a "aprobado".

Si aún no te has enterado de este cambio, revisa tu cuenta en MyGED y… ¡Felicitaciones ! Ya tienes un examen aprobado.

Aclaración #4:

Esta aclaración se refiere a la nueva versión 2014 en referencia a todas las versiones anteriores.

El GED® cambió completamente y aquí daré los detalles de los grandes cambios.

Ahora, debes tomar el examen solo en computador, ya no es optativo como antes. Anteriormente, era optativo, lo podías tomar en computador o con lápiz y papel. Actualmente, el GED® solo está disponible en computador, pero tienes que ir en persona a tomarlo*. Puedes tomar clases online, puedes tomar exámenes de práctica online, pero para que sea válido, tienes que ir en persona a los centros examinadores autorizados de GED a tomar tu examen (Y no se te olvide de llevar tu ID- tu identificación-)**

La única forma de registrarte para tomar tus exámenes es a través de la página web oficial del GED® Testing Service www.GED.com Debes crearte una cuenta en MyGED y una vez que ingreses tu dirección (incluyendo el zip code -código postal-) te mostrará los lugares (centros examinadores autorizados) más cercanos a tu domicilio. Y se debe pagar a través de esta web con tarjeta de débito o crédito. No existe ninguna otra opción ni en persona ni por teléfono.

Ya no se pueden prestar puntajes como era anteriormente, donde si se tenía un puntaje superior al mínimo, se podía prestar el puntaje sobrante, y agregárselo al examen que tenía menor puntaje. Eso ya no existe, no hay posibilidad de ayudarse con otro. No se puede compartir. Esto quiere decir que cada examen debe aprobarse por sí solo.

Aquí está el cambio más relevante: se le agregaron los cuatro años de High School que no tenía. Por lo tanto, eso lo hace más difícil para aquellos que no alcanzaron a cursar el High School.

Se hace mucho énfasis en el pensamiento crítico. Por eso es tan importante aprender a argumentar un ensayo y a leer comprensivamente.

El hecho de incorporar como obligatorio el uso del computador se debe a los avances tecnológicos. La tecnología, como ustedes pueden ver, está en todas partes, cuando se va a un supermercado, ya sea a comprar o cuando se va a aplicar para un trabajo. Los *communities colleges* y universidades se quejaban que quienes entraban a estudiar a estas instituciones trayendo el GED® no estaban preparados para el uso de los dispositivos electrónicos. Si antiguamente se consideraba analfabeto a una persona que no sabía leer ni escribir, ahora lo es quien no sabe usar un computador, un laptop, un tablet o el celular.

Corolario

En resumen, las dos grandes dificultades que trae la nueva versión del GED® es la incorporación de la tecnología. Se tendrá que estructurar y digitar (tipear) el ensayo en menos de 45 minutos. Eso significa que la velocidad de digitación debe ser de, aproximadamente, 35 palabras por minuto. Sin olvidar la respuesta extensa del examen de Ciencias. Si el dador del examen llegó solo a grado nueve o inferior, tendrá que aprender materias completamente nuevas, las materias del *High School*.

Ya deja de preguntar qué trucos usar para pasar el GED.
La clave para aprobar tu examen de GED es la preparación.
No hay otra. Punto.

Salir bien en el examen de GED®, especialmente después de los últimos cambios en la nueva versión del GED® 2016, no es imposible, pero requiere tiempo y esfuerzo.

En promedio, una persona que se prepara para su examen de GED® le toma, aproximadamente 5 a 8 meses si viene con una carrera universitaria a medio andar de su país; o unos tres años, un poco más o un poco menos, si solo llegó a grado 10 o inferior y hace mucho tiempo que no estudia. Esa es la realidad, tanto en mis clases presenciales como en las clases online (obviamente, hay excepciones). Todo depende de ti: de tu motivación, de tus habilidades, hasta qué nivel llegaste, cuánto es lo que te acuerdas, de las ganas que le eches y del tiempo que le dediques a tu estudio.

Bueno mis valientes del GED®, ya les presenté los últimos cambios en la "nueva" versión del GED® 2016. Espero que ellos les hayan quedado más claro y no sigan pensando que el GED® se puede obtener en 3 meses o que no necesitan estudiar para aprobar su examen de GED® (versión 2016). Todo lo contrario, como dije anteriormente, no es imposible, pero hay que dedicarle tiempo y echarle ganas.

La mente es como un paracaídas:
solo funciona si se abre.
Albert Einstein (físico alemán)

Ahora, nos vamos a estudiar.
Maestra Ximena

Notas del Blog

A raíz de la pandemia, a partir de octubre 2020, el GED se puede tomar online, pero con ciertas exigencias tecnológicas y medio-ambientales.
Si tomas el examen online, tienes que mostrar tu ID (identificación) al supervisor (proctor) a través de la pantalla y debes sacarle una foto con tu celular.

Para solicitar tu diploma o un duplicado, dale click a www.Diplomasender.com

El libro Los 7 Secretos para tener éxito en mi GED y los Libros de Ejercicios para el GED los encuentras en Amazon digitando "Maestra Ximena" o en este enlace

Si necesitas ejercicios para mejorar tu lectura comprensiva, puedes encontrar el libro de ejercicios en Amazon digitando "Maestra Ximena" o aquí

*Si quieres tomar un curso **gratuito**, haz click al siguiente enlace y te llevará a nuestra aula virtual*

Episodio 14: ¿Qué se mide en el examen?

Publicado: Enero 23, 2020.-
Tiempo de audio: 14 minutos.

<u>Audio</u>   Para accesar el audio con tu celular, escanea el código QR de la imagen.

¡Bienvenid@s al Imperio del GED®!

Pero antes de empezar, quiero aclarar que no voy a tratar las **materias** que se miden en el examen de Gramática(RAL) ni en ningún otro examen, sino más bien las **habilidades** que debes aprender a desarrollar para tener un examen exitoso. Si quieres conocer las materias que se miden en el examen de GED®, puedes ir al Inicio de la página web www.gedfacil.com donde explico cada una de las materias organizadas por examen.

Hecha la aclaración, paso al punto, o sea, al meollo del asunto.

Las habilidades que se miden en el examen de GED® son:

1.- Habilidades del Lenguaje
2.- Habilidades de Escritura
3.- Habilidades de Lectura: Pensamiento crítico
4.- Habilidades de Lectura: Comprensión
5.- Habilidades de Lectura: Velocidad

Ahora voy a aterrizar cada uno de estos conceptos.

Habilidades del Lenguaje

Las habilidades del lenguaje se miden a través de demostrar cómo estructurar las oraciones, también se mide el uso de mayúsculas, la puntuación, manejo de homónimos, lenguaje formal o académico (diferente al lenguaje cotidiano, el que usamos habitualmente en nuestras casas o con nuestros amigos).

Tampoco se debe usar spanglish, vocabulario del coa (de grupos delincuenciales) ni jergas (que es la terminología propia de una determinada actividad).

Por ejemplo: los profesionales del área de programación, los trabajadores de la construcción o los mecánicos tienen su propio vocabulario, muy especializado y muchas veces difícil de entender porque es único de ese grupo, a ello se le llama "jerga".

Posesivos

En el examen de GED® en lengua inglesa, se mide mucho los posesivos, pero en español, no sucede lo mismo porque, prácticamente, no existe ninguna confusión (salvo excepciones).

Acentuación

En cambio, lo que se mide en español es la acentuación que, por razones obvias, en inglés no se califica, porque no existen los acentos en dicho idioma.

Estructura

En cuanto a estructurar las oraciones, el uso de mayúsculas y puntuación lo tenemos en los dos lenguajes. Ambos tienen reglas bastante parecidas con algunas leves diferencias y, por supuesto, yo las tengo incorporadas en mis clases, así que no necesitan estar buscando las diferencias porque están claramente explicadas en los videos donde trato este tema.

Homónimos

Si tomamos por ejemplo, los **homónimos**, una de las habilidades que se mide en el examen de GED®, los homónimos son palabras que se escriben igual, se pronuncian igual, pero tienen distinto significado.

¿Cómo saber cuál es el significado? ¿Cómo se entiende?

El significado dependerá del contexto en que se encuentre la palabra.

Déjame explicarte con un ejemplo, tomemos la palabra "banco". Esa palabra puede significar una institución financiera, un mueble para sentarse y también se les denomina banco a un grupo de peces o un lugar donde se recolecta y guardan cosas. Por ejemplo: banco de peces, banco de sangre o un banco de espermios.

Ahora, si digo esta oración: "Ayer, salió en las noticias que entraron al banco y se llevaron todo el dinero de las cajas".
Si lo analizan y, de acuerdo, al vocabulario que les plantee, en ese caso la palabra banco no se refiere a un mueble para sentarse ni a un grupo de peces ni a un lugar para recolectar sangre. Sino más bien a un lugar de trabajo. De acuerdo a la oración: "(…) se llevaron todo el dinero de las cajas", indica que es una institución financiera y lo que vas a encontrar en ella es dinero. A diferencia del banco de sangre, por ejemplo. De ahí la importancia del manejo de vocabulario.

Homófonos

Ahora, dentro de esta clasificación están los **homófonos**, los cuales son palabras que se pronuncian igual, pero se escriben distinto, por ende, tienen distinto significado.

Tomemos como ejemplo las palabras vota y bota. Tenemos dos palabras distintas. Una que se escriba con "uve", "v chica" o "v baja"; y otra con "b labial", "b larga" o "b alta". Dependiendo de cómo se escriban es el significado que se le dará. Si escribo bota con "b labial", ilustrando: "El vaquero se puso el sombrero y las botas", el significado se entiende por sí solo, dentro del contexto es un calzado.

Por el contrario, la escribo con "v corta" o uve cuando su significado es sufragio: "La población americana vota para elegir nuevo Presidente de la República".

Parónimos

Otra variante son los parónimos. Los **parónimos** son palabras que se pronuncian parecido, pero tienen distinto significado y tienden a confundir a la gente. Por ejemplo, la palabra a**c**titud y la palabra a**p**titud. Son dos palabras diferentes.

Una se escribe con "c" y la otra con "p". Actitud se refiere a un comportamiento y la palabra Aptitud se refiere a una habilidad.

Repito, nuevamente, aquí está la importancia de la ortografía, porque si escribo mal una palabra se puede mal interpretar.

En el caso del español, es muy importante manejar los acentos. Tengo un video en el Nivel 2 de Gramática que habla de la acentuación en el caso de los monosílabos. ¡Revísenlo! Porque es importante escribirlos bien. Aparte de que el examen de GED mide ortografía, el ensayo será corregido por un robot, un software, y si ustedes tienen mala ortografía y cometen estos errores, el robot encontrará sin sentido la oración y les puede bajar la calificación.

Habilidades de Escritura

En cuanto a las habilidades de escritura, medirá si ustedes son capaces de crear argumentos y respaldarlos con evidencias, si pueden organizar sus ideas, si tienen un extenso vocabulario, si son lo suficientemente creativos para armar su escrito, si pueden conectar oraciones y párrafos, entre otras habilidades.

En síntesis, el examen de GED® medirá, entre otras cosas, si Uds. son capaces de escribir un ensayo **claro, conciso, preciso y fluido.**

Si alguno de ustedes ya estudió el Módulo de Gramática específicamente, el Nivel 1 y Nivel 3 , donde me enfoco en enseñarles cómo hacer un ensayo (básico y argumentativo, respectivamente) sabrán en detalle qué son los argumentos, las evidencias y cómo crearlos. Además, después de estudiar el Nivel 1 y 3, estarán en condiciones de escribir un ensayo según lo que se espera que Uds. logren, es decir, mostrar que son capaces de construir un ensayo acorde a todas las exigencias del *college* o universidad.

Habilidades de Lectura
Comprensión

Las habilidades relacionadas con la lectura son, en primer lugar, la comprensión y esto está muy ligado a lo que les hablé recientemente: el manejo de vocabulario. Por esa razón, en muchos de los videos, Arti y Polito, nuestras mascotas, nos enseñan el significado de las palabras extrañas, o sea, aquellas que no son del lenguaje cotidiano, del lenguaje común.

También, en los Libros de Ejercicios de Estudios Sociales, en cada lección encontrarán entre 5 a 10 palabras de uso común al tópico, ello les ayudará a ampliar su vocabulario.

Pensamiento Crítico

La otra habilidad recalcable en la lectura es el pensamiento crítico, es decir, no creerse todo lo que leen, deben aprender a analizar los textos, a cuestionarlos y a eliminar los prejuicios. Tanto en los videos del Nivel 4 de Gramática (Comprensión de Lectura) como en los videos del Módulo de Estudios Sociales, se tratan estas materias con mayor profundidad, para que desarrollen y practiquen esta habilidad.

Antes de dar tu examen, asegúrate qué habilidades se miden en el examen de GED y cuáles te faltan por dominar.

Velocidad de lectura (crucial en el GED®).

Finalmente, la última habilidad que se mide en el test es la velocidad. En todos los exámenes de GED® se mide la habilidad de leer aceleradamente. Los exámenes tienen un tiempo límite.

Para detalles sobre los tiempos de duración de los exámenes, puedes ver los videos del Módulo de Orientación.

Por ejemplo, te presentarán un texto entre 500 a 700 palabras, es decir, aproximadamente, dos páginas (tamaño carta), para contestar entre 3 a 4 preguntas. Los textos más largos los encontrarás en el examen de Estudios Sociales y se enfocan en las materias a calificar (historia, geografía, etc.). Si bien es cierto, en Ciencias no son tan largos, pero están orientados a describir experimentos; y en el examen de Matemáticas, los textos son problemas de planteo, o sea, te presentan una situación dada y, en base a los datos que te entreguen, debes resolver el problema.

Esto indica que debes aumentar tu velocidad de lectura y la única forma es ¡practicándola! Compleméntalo utilizando las estrategias que enseño en el <u>Nivel 4 de Gramática</u> o el Nivel 1 del Módulo de Estudios Sociales.

¡Ojo! Para el caso del GED®, no recomiendo que utilices la técnica de lectura veloz, solo lee línea por línea.

Resumiendo

Básicamente, son cinco (5) las habilidades que se miden en el examen del GED®, a saber:
Habilidades del lenguaje, habilidades de escritura y habilidades de lectura: pensamiento crítico, comprensión y velocidad.

La capacidad y gusto por la lectura
da acceso a lo que ya ha sido descubierto por otros.
Abraham Lincoln (Presidente de los EUA)

Un abrazo virtual a todos…y nos vemos en un click. MX.

Notas del Blog
*Si quieres tomar un curso **gratuito**, haz click al siguiente enlace y te llevará a nuestra **<u>aula virtual</u>***

Episodio 15: ¿Qué tipo de clases tomar?

Publicado: Febrero 11, 2020.-
Tiempo de audio: 11 minutos.

<u>Audio</u> Para accesar el audio con tu celular, escanea el código QR de la imagen.

¡Hola, valientes del GED®!

¿Qué tipo de clases debes tomar para sacar tu GED®?
El tipo de clases que debes tomar dependerá de dos factores:
1) La disponibilidad de clases en tu área y
2) Cuál es el tipo de clases que te acomoda de acuerdo a tu personalidad

¿Te gusta sentirte acompañado?
Si eres de esas personas que prefiere estar con un profesor, que te vaya indicando paso a paso lo que debes hacer o eres de esas personas que la única forma de estudiar es yendo a

una clase regularmente, rodeado de tus pares y te gusta sentirte más acompañado; entonces, definitivamente las clases presenciales y tradicionales son las clases perfectas para ti. También, este tipo de clases es para ti, si eres de esas personas que tiene niños y le es imposible estudiar en la casa, necesitas ir a un lugar donde puedas concentrarte y avanzar. Por lo tanto, debes buscar clases presenciales.

Si deseas tomar clases de GED® presenciales y no existe clases en tu área de trabajo o cerca de tu casa, deberás pensar en buscar clases online.

¿Eres lo suficientemente disciplinad@ para clases online?

Ahora, si eres de esas personas independientes, que pueden trabajar por sí solas sin necesidad que tengas un profesor encima tuyo, entonces no tendrás problemas para tomar clases en línea. Este tipo de clases es ideal para gente disciplinada, esto quiere decir que te fijas un horario de estudio y lo haces cumplir. Si te estás preguntando: ¿qué tipo de clases tomar para preparar el examen de GED®? Bueno, si eres una persona constante, tienes un computador y conexión a internet, las clases de GED® online son para ti.

Estas clases, también, son excelentes para quienes no pueden salir de la casa, ya sea por un impedimento físico, porque tienen niños o ancianos bajo su cargo. Porque viven en zonas rurales donde no hay lugares donde imparten las clases o en zonas de difícil acceso. En caso que tengas un trabajo en horarios en que, justamente, se imparten las clases. Si trabajas en la construcción, en verano suelen trabajar hasta que se oculte el sol. En empresas donde trabajes quince días de corrido y descansas cuatro o compañías que te envían a trabajar a zonas alejadas y no puedes salir porque son zonas aisladas.

Pero si ninguno de estos es tu caso, te quiero hacer un alcance, en el estado de Colorado, existe una ley que dice que el empleador te debe dar permiso para estudiar, ya sea facilitándote el horario de salida o acomodándote el horario, de manera que puedas tomar las clases. Yo sé que, obviamente, no puedes ir en forma prepotente a exigirle a tu empleador. Debes ir con respeto, porque puedes correr el riesgo que te despida porque no cumples con sus necesidades, pero te lo hago ver ya que algunos trabajadores, ni siquiera se atreven a plantearselo a su jefe, porque piensan que le están pidiendo un favor. Sin embargo,no es así, esta facilidad está legislada.

Mientras más luego empieces, más luego terminas.

¿Cuál es la ventaja de tomar clases de GED® online?

1) Por lo general, tú puedes acomodar el horario de estudio. En el caso de nuestras clases en www.gedfacil.com tendrás acceso a las clases 24/7, es decir, las clase no tienen un horario, tienes acceso las 24 horas del día, los 7 días de la semana, mientras dure el curso.

2) Puedes tomar las clases desde cualquier lugar donde te encuentres. Si tienes acceso a internet, podrás estudiar aunque te envíen a trabajar fuera del estado o del país. Así, tus clases no serán interrumpidas.

3) Podrás tomar clases desde cualquier dispositivo: un computador, un laptop, un tablet o tu celular.

4) No perderás tiempo en movilizarte.

5) No hay gastos involucrados de locomoción, gasolina o mantención de tu carro.

6) Avanzas a tu propio ritmo

7) Tú decides el horario de estudio que más te acomoda: en la mañana temprano (antes que se levante tu familia), al mediodía, a media tarde (antes que los niños lleguen de la escuela), después de comida, durante la noche, de madrugada, etc.

8) Tú decides los días que vas a estudiar: todos los días, día por medio, los fines de semana, etc. Ten en cuenta que mientras más tiempo le dediques, más rápido avanzas.
9) Las clases están disponibles siempre para ti.
10) No te perderás ninguna clase ni algo que el profesor dijo.
11) Las clases se repiten, siempre por igual, para todos los estudiantes. No corres el riesgo de perderte algo porque las clases están bien estructuradas y los videos se han planificado de tal manera que no quede nada afuera, no se ha dejado nada al azar; y se han grabado evitando improvisar.

¿Cuáles son las ventajas de tomar clases presenciales?
1) Te obligas a ir a un lugar regularmente, un sistema muy conveniente si no eres una persona disciplina.
2) Te concentras mejor, es decir, te enfocas solo en la clases evitando distractores.
3) Aprendes, no solo del profesor, sino que también de tus compañeros.
4) Puedes hacerle las preguntas inmediatamente al profesor, hay mayor interacción (en muchos casos).
5) El hecho de estudiar en grupo te incentiva. Los seres humanos somos gregarios, nos gusta andar en grupo y podemos comparar nuestro avance con nuestros compañeros. Solemos conversar de nuestros avances y dificultades.

Algunas de estas ventajas propias solo de las clases presenciales, ya se han equiparado en las clases online.

Desventajas de las clases presenciales de GED® (o cualquiera)
Cuando te preguntes qué tipo de clases tomar para preparar tu examen de GED®, debes tener en cuenta las desventajas de las clases presenciales.

Entre las desventajas están:

1) Si el profesor no asiste a clases por cualquier razón, tú pierdes el tiempo.

2) Por otro lado, si tú no asistes a clases, pierdes la clase y todo lo que el maestro explicó no se recuperará.

3) Si hay feriados legales o religiosos, pierdes tiempo.

4) Si las clases se suspenden por problemas climáticos, desastres naturales o de cualquiera índole, las clases deben atrasarse.

5) Debes considerar el tiempo que debes agregarle para movilizarte.

Desventajas de clases GED® online

Ten en cuenta que muchas de las desventajas de las clases online, ya se han suplido. Por ejemplo, el hecho de querer interactuar con el profesor y tus compañeros ya no es un problema. En el caso nuestro, la escuela ha creado foros de interacción, tanto con el profesor como con los estudiantes. También, se han creado grupos de Whatsapp y webinar o video-conferencias donde el estudiante puede hacer las preguntas que quiera. Muchos profesores realizan tutorías 1-1 para aquellos estudiantes que son más tímidos y no se atreven a consultar delante de toda la clase. También, están en constante comunicación con los estudiantes a través del teléfono, email, mensajes de texto, Skype, Zoom, Google Meet, y cualquier otra tecnología que puedan incorporar para mejorar la conexión con el estudiante.

Debido a que las organizaciones se han dado cuenta de las falencias de las clases online, cada día han ido incorporando más tecnología para suplir estos baches con respecto a las clases presenciales. La única desventaja que le veo a las clases online, va por parte del estudiante y su medio ambiente. Es decir, el alumno debe buscar un horario donde no sea interrumpido por su familia. De lo contrario, será difícil concentrarse y poder avanzar.

Ahora, la pandemia ha obligado a todos a quedarse en casa, eso ha acelerado el proceso de incorporarse al ambiente tecnológico. Aquellos que no se atrevían a tomar clases online, ya le han perdido el miedo y es cada vez más gente que se está decidiendo por tomar las clases online por la ventaja que ellas tienen.

No importa que tipo de clases desees tomar,
lo más importante es tomar la decisión,
lo más importante es tomar acción, empieza ¡Ya!

¿Cuáles son los requisitos para estudiar tu GED® en línea?

1) Debes tener un computador o un laptop y conexión a internet. Aunque puedes tomar las clases desde cualquier dispositivo, siempre es más cómodo tomar las clases desde un computador que desde un tablet o un celular. Y, ahora, en la actualidad, su precio es hasta tres veces menor que un iphone.

2) Debes ser disciplinado: Es muy importante este requisito. ¿Qué significa esto? Que debes crearte un calendario de estudio con un horario fijo…y, lo primordial, es que debes cumplirlo. En el libro *Los 7 Secretos para tener éxito en mi GED®*, te explico cómo organizar su tiempo y, además, cuenta con formularios que te permitirá planificar tu tiempo.

¿Cuáles son los requisitos para estudiar presencialmente?

Si una vez que te preguntaste qué tipo de clases tomar para preparar el examen de GED® y te decidiste por las clases presenciales, debes tener en cuenta los requisitos necesarios para tomar dichas clases; y ellos son:

1) Tener cómo movilizarte para llegar al lugar donde se imparten las clases, ya sea propia o a través transporte público.

2) Tener tiempo para asistir a clases.

En el caso de nuestra escuela, Antártica Academy, donde sus clases presenciales están apoyadas con material tecnológico, los estudiantes tienen acceso a internet y a computadores, aunque la mayoría de los estudiantes prefieren comprarse sus propios laptop para practicar la digitación.

¿Cómo buscar clases de GED®?

En episodios anteriores, les di algunas pautas para buscar clases, ya sea online como presenciales. En el libro _Los 7 Secretos para tener éxito en mi GED®_ les enseño paso a paso cómo buscar clases, dónde buscar y en qué se deben fijar para elegir la clase que más les acomode. Les recomiendo que lo lean. Si ya se han decidido por tomar las clases online, les dejo el enlace para que revisen el _aula virtual_ . Incluso pueden tomar la primera clase gratis (botón "prevista") para que revisen si es lo que buscan, si es lo que les acomoda, si les parece bien la estructura de las clases, si es lo que esperan, etc. También, pueden mirar la malla curricular del curso, es decir, la lista de lecciones del nivel.

> _La educación ayuda a la persona a aprender a ser lo que es capaz de ser._
> Hesíodo (poeta de la Antigua Grecia)

Por cierto, un abrazo virtual a todos.
Maestra Ximena

Notas del Blog
Si quieres tomar un curso **gratuito**_, haz click al siguiente enlace y te llevará a nuestra_ **_aula virtual_**
Si quieres **reviar** _las lecciones del Nivel 1 del Módulo de Gramática, haz click al siguiente enlace y te llevará al curso_
https://gedfacil.teachable.com/courses/ged-modulo-gramatica-nivel-1

Episodio 16: ¿Cómo puedo prepararme?

Publicado: Febrero 27, 2020.-
Tiempo de audio: 12 minutos.

Audio   Para accesar el audio con tu celular, escanea el código QR de la imagen.

¡Hola, valientes del GED®!

En primer lugar, para prepararte y obtener tu GED®, debes saber que tienes que predisponerte desde dos puntos de vista: en forma intelectual y en forma sicológica. Esto lo explico en detalle en un video del Módulo de Orientación para el GED® en el aula virtual .

Principalmente, lo que digo en el video es que para preparar tu GED®, por una parte, debes estudiar la materia y desarrollar las habilidades requeridas para el examen y; por otra parte, debes disponerte mentalmente para triunfar.

Similarmente como lo hacen los bailarines, los deportistas o como cualquier persona que se enfoca para lograr una meta. Si has leído el libro _Los 7 secretos para tener éxito en mi GED_®, ya sabes de lo que hablo. Parto de la base que el éxito es un proceso y para lograrlo debes ir quemando etapas, debes ir paso por paso lo que indico en el libro. Debes visualizarte con tu sueño hecho realidad, pero eso no sirve de nada, si no actúas, si no lo pones en práctica, debes crearte una rutina diaria y cumplirla.

Practicar es la habilidad de simular

Preparación sicológica

Desde el punto de vista sicológico, debes buscar una motivación interior, debes buscar lo que te apasiona y, a través de la fuerza de voluntad, levantarte para llevar a cabo las actividades que te conducirán a conseguir tu meta. Esto se logra con "el efecto compuesto" como lo llama Darren Hardy, o sea, cada tarea, cada actividad que planifiques será una migaja de un todo, será la suma de todas ellas la que te permitirá avanzar.

Ya en un podcast anterior, hablé cómo puedes usar los formularios que te ayudarán a crear dichas actividades, a priorizalos, a organizarlos y a calendarizarlos.

Hay un video que le muestro a mis estudiantes de GED® (en las clases presenciales) y que habla del poder de la mente y cómo este poder lo aplican los gimnastas para realizar su rutina de ejercicios.

Entrevistan a una chica, quien describe el proceso. Dice que antes de hacer cualquier nuevo ejercicio, primero lo repasa mentalmente. En su cerebro realiza la rutina paso a paso.

Después de un par de horas practicándolo en su mente, recién empieza a trabajar con su entrenador, llevando a cabo el ejercicio físicamente, guiada por él.

Este es un excelente ejemplo cuando quieras contestar la pregunta: ¿Cómo puedo prepararme para mi GED®? Esta es la clave: primero, lo intentas en tu mente para superar el miedo.

Recuerdo que en las versiones antiguas de GED®, estoy hablando de exámenes que se tomaban antes del año 2005, cuando recién comencé dando las clases, me di cuenta que muchos de mis estudiantes no iban a tomar sus exámenes. Aunque yo les insistía que ya estaban listos, pero de igual manera trataban de procastinar, de retrasar el momento. Hasta que me di cuenta que tenían terror de ir a dar el examen.

Entonces, me fui a un *community college*, específicamente el de Littleton, acá en Colorado. Este fue el primer centro educacional que asistí cuando llegué a este país. Allí tomé mis primeras clases de ESL (English Second Language) y como sabía que había un GED® Testing Center, fui a preguntarles si podía traer a todos mis estudiantes juntos, de una sola vez. La idea era que si iban conmigo y con todo el curso ya no tendrían excusas y se sentirían más acompañados.

Llegando al lugar, le expliqué a la chica del mesón de consultas lo que quería hacer. Me preguntó cuántos alumnos pensaba traer y le dije que, por lo general, eran treinta estudiantes. Me miró, me puso una cara tan fea y me preguntó muy molesta: "¿Sabes cuántas personas tomaron el examen de GED® en español el año pasado?" No le contesté, esperando por su respuesta. Me dijo: "Solo tres" – y agregó lentamente y moduladamente – "en todo el año". Y no volvió a mirarme.

Con este gesto dio a entender que mejor no me acercara por allá, porque lo que proponía no era buena idea.

Persistir para obtener

Pero no me desaminé. Seguí preguntando. En otros colegios también me rechazaron. Yo no entendía el porqué, si para ellos esto era un ingreso monetario. En mi país, si les hubiera hecho la misma propuesta, que les iba a llevar treinta estudiantes todos los meses, habrían corrido a solucionarlo. Pero no era el caso. Hasta que llegué al *Community College of Denver*. El encargado del GED® Testing Service, el Sr. Frank Rodríguez, muy amable me recibió, escuchó mi propuesta y me prometió que iba a hablar con la rectora.

Finalmente, ella aceptó, pero tenía un problema con la cantidad de folletos para la prueba, no tenían lo suficiente. Sin embargo, el Sr. Rodríguez averiguó en otros centros, logró recolectar quince folletos y me propuso crear dos turnos de toma de exámenes. Yo partía con el primer grupo a las 8 de la mañana y cuando este terminaba, empezaba con el segundo grupo a las 11 de la mañana. Lo cual me pareció ¡genial! Por fin había logrado lo que deseaba.

Esta ilustración te demuestra dos cosas: la primera, hay que ser persistente si uno quiere algo; y la segunda, hay que buscar a la persona correcta. Don Frank es un señor nacido acá en los EEUU, de padre mexicano y muy orgulloso de sus raíces… y él, al igual que yo, siempre quiere que su comunidad se eduque.

Si yo me hubiera detenido con el primer rechazo de aquella chica, es muy probable que la mayoría de mis estudiantes nunca habría ido a tomar sus exámenes. Pero persistí hasta llegar a dar con la persona adecuada.

Creando un valor agregado para las clases de GED®

Lo que yo hacía con mis estudiante era pedir cita para los grupos. Los acompañaba hasta el lugar y les hacía la traducción de las instrucciones. De hecho, me reservaban un salón de toma de exámenes, exclusivamente para mis estudiantes. Esto permitió que ellos fueran más confiados a dar su test. Ya no sentían miedo de tener que lidiar con factores externos adicionales al examen. Ir a un lugar desconocido, tener que hablar en un idioma, también desconocido, les afectaba enormemente. Ahora, para eso estaba yo. Eso les permitió bajar sus niveles de ansiedad. Con ello, disminuyó el estrés natural que les producía (y que le produce a cualquier persona) el tomar un examen. En el fondo, yo era un amortiguador de una impactante situación para ellos.

Esto llevó a que otras escuelas de GED® en español en Colorado, hicieran lo mismo: comenzaron a llevar a sus alumnos en grupo y acompañarlos al lugar de toma de exámenes.

Venciendo el estrés al tomar el test

Lo que no sabían las otras escuelas era el "*backstage*", es decir, que a mis estudiantes no solo les enseñaba la materia. sino que los preparaba sicológicamente, les daba consejos de qué hacer semanas antes del examen, el día anterior y durante el examen. Muchos de estos consejos y ejercicios mentales los van a encontrar en videos como parte del Módulo de Orientación, porque tengo claro la importancia del manejo sicológico para el éxito al rendir un examen. Siempre me estoy haciendo la interrogante: Cómo puedo preparar mejor a mis estudiantes.

Y como parte de la preparación mental, los reunía antes del examen, dirigía algunos ejercicios de relajación y de visualización para que entraran al salón más confiados. Esta y varias otras técnicas mentales eran y siguen siendo mi valor agregado en las clases de GED®... que hasta el día de hoy era un secreto bien guardado para evitar la competencia :)

Aquí vas a encontrar no solo la materia, sino que muchas herramientas que apoyarán tu aprendizaje... y que no encontrarás en ninguna otra escuela de GED®.

Sintetizando

Como dije al comienzo de este podcast, para responder la pregunta: "Cómo puedo prepararme para mi GED®", tu preparación debe ser desde dos puntos de vista: la parte intelectual que la obtendrás con todo el material que encontrarás en el aula virtual de gedfacil.com; y desde el punto de vista sicológico. Puedes utilizar los videos que se encuentran en el Módulo de Orientación, puedes leer los otros artículos del blog y también escuchar los episodios del podcast donde doy consejos y animo a la gente que está estudiando su GED® para que persista y no decaiga en el intento.

La experiencia ha demostrado que funciona. Así que la pregunta "Cómo puedo prepararme para mi GED®" creo que está respondida.

Todos tus sueños pueden hacerse realidad,
si tienes el coraje de perseguirlos
Walt Disney (cineasta)

Un virtual abrazo y nos vemos en un click.
Maestra Ximena

Notas del Blog:
*Este texto "Cómo puedo prepararme para mi GED" (y todos los demás), lo puedes encontrar en el podcast llamado **gedfacil** en más de 20 plataformas como: Apple Podcasts (iTunes), Blubrry, Castbox, Google Podcast, Hubhopper iVoox. Listen Notes, Podyssey, RadioPublic, Spotify o en tu plataforma de podcasts favorita.*

Episodio 17: ¿Cómo evitar el síndrome de la hoja en blanco?

Publicado: Marzo 10, 2020.-
Tiempo de audio: 13 minutos.

Audio   Para accesar el audio con tu celular, escanea el código QR de la imagen.

¡Hola, valientes del GED®!

En este episodio trataré el famoso "Síndrome de la hoja en blanco" y con ello me refiero al hecho de que una persona intenta escribir algo y no se le ocurre nada, mira la hoja que está vacía y le da terror porque no sabe qué escribir. Y eso es muy habitual que les ocurra a mis estudiantes. Cuando estamos en la clase y después de explicarles cómo deben hacer el ensayo se ponen a trabajar. Yo los dejo. Los dejo solo por un rato, una hora o dos horas, aproximadamente, y cuando me acerco a ellos para ver cómo van, qué han escrito, la mayoría tiene la hoja en blanco. Por lo general, me empiezan a dar explicaciones que no se les ocurre nada, que están pensando, que ya se les va a ocurrir algo y pasa otra hora y no pasa nada. A eso llamo "el síndrome de la hoja en blanco".

Lo primero que tienen que saber que este síndrome se supera con la práctica. Lo que los escritores llaman: "Con el oficio". Hay mucha gente que piensa que para escribir les tiene que bajar la inspiración, similar a la venida del espíritu santo como si la inspiración fuera un milagro. Y eso es lo que esperan mis estudiantes durante la clase: tener un milagro. La verdad de las cosas es que ni el espíritu santo ni la inspiración les va a bajar por mucho que miren al cielo.

No puedes esperar por la inspiración,
tienes que perseguirla con un bate de baseball.
Jack London (Escritor, autor de "Colmillo Blanco")

Entonces, lo primero que tienen que hacer es crearse su bosquejo, aterrizar sus ideas (como lo he explicado en los videos) y para obtener los argumentos tienen que pensar en la idea principal, es decir, el tema sobre el cual se va a hablar y esto no solo sirve para hacer un ensayo sino que para cualquier tipo de escrito. Puede ser un cuento, puede ser una novela, puede ser un discurso. Lo primero que tienen que hacer es concentrarse en lo que van a hablar o en lo que van a escribir. Los recursos que utilicen van a depender del tiempo que tienen. Por ejemplo, recuerdo que en una oportunidad fui a una entrevista de trabajo y me asignaron tres ensayos y tenía una hora para hacer los tres. Eso quiere decir que disponía de veinte minutos para hacer cada ensayo. En otras oportunidades, he tenido que escribir ensayos para el *college* o la universidad y me daban una semana. Eso significa que tenía tiempo para investigar sobre el tema. Con los libros que he escrito, en ese caso tengo tiempo ilimitado. Mejor dicho, yo me coloco el tiempo y determino cuánto tiempo le dedicaré a la investigación y hasta cuánto voy a profundizar.

Ahora, en el test RAL, tienen 45 minutos para escribir su ensayo, una vez que aprendieron todo, aprendieron a hacer el bosquejo, a organizar el ensayo, a crear argumentos, a conectar oraciones y párrafos, les pido que se tomen el tiempo y que no se pasen de los 45 minutos. La razón es simple, porque su mente se acostumbra a estructurar el ensayo en el tiempo estipulado y ellos mismos se darán cuenta si están atrasados o están a tiempo. También, les permite una cosa muy importante, les permite enfocarse en el tema y a no divagar.

Cuando estamos en el primer nivel donde aprenden a escribir un ensayo básico, los temas son bastante personales, así que no tienen que investigar mucho. Les planteo temas como cuál es su pasatiempo favorito, cuál es su mejor receta de cocina, qué les gusta leer, a qué personaje admiran más. Como ven, en ese caso no necesitan investigar. Antes de continuar explicando, quiero hacer un alcance para que no haya confusión al respecto. Estoy hablando de un ensayo básico, esto quiere decir que en el nivel uno no tratamos el ensayo argumentativo que viene en el examen. Ese lo tratamos en el nivel tres. En este nivel (uno) solo les enseño a escribir y a estructurar un ensayo muy elemental, pero es la base del ensayo argumentativo. Cuando lleguemos al nivel 3, me enfoco en enseñarles cómo se les presentará el ensayo que viene en el examen oficial y cómo hacer un ensayo de esa envergadura, un ensayo específicamente para el examen de GED® y nos enfocamos en lo que necesitan saber para que aprueben su examen. Pero toda la parte del ensayo del nivel uno no necesito explicárselos porque ya lo habrán visto, ya lo saben y yo lo doy por pasado. No piensen que así vendrá su examen. No es así, en el primer nivel solo tratamos un ensayo básico. Pero como siempre digo en mis clases: "Yo no les puedo enseñar a correr, sin antes haberles enseñado a caminar".

Seguimos, vamos a partir de la base que solo tengo 45 minutos para escribir un ensayo, no voy a tener tiempo de investigar en ningún lado. No tendré un libro a mano, internet o Google ni en ninguna parte y en este caso es una pregunta personal. Algo así como "Me gusta o no me gusta", "Qué pienso acerca de …". Avancemos, tengo el tema y debo crearme argumentos para respaldar las razones del porqué me gusta o no me gusta algo; o por qué pienso así respecto a una situación dada. En ese caso debo preguntarme: ¿Por qué me gusta? ¿Por qué me gusta coleccionar billetes o monedas? ¿Qué tipo de monedas me gusta coleccionar? Cuando llega a mis manos una moneda, ¿qué hago? ¿Averiguo sobre ella? Por lo general, las monedas traen el lugar donde fueron acuñadas, el país y el año. ¿Me conformo solo con eso o averiguo sobre el país? ¿Sobre la esfinge en la moneda? ¿Quién es la persona? ¿Qué importancia tuvo para el país? ¿Las colecciono por categorías, por temáticas, por país, por décadas …o cualquiera otra categoría que se me ocurra? Se pueden preguntar ¿por qué empecé a coleccionarlas? ¿Quién me enseñó? ¿Me enseñó mi papá? ¿Se pueden preguntar que sienten cuando las coleccionan? ¿Cómo las ordenan o las guardan? ¿Cuánto tiempo le dedican? Probablemente, alguno de Uds. se está preguntando: ¿Y qué pasa si me preguntan qué te gustaría coleccionar y si a mí no me gusta coleccionar nada? ¿Qué hago? ¿Dejo la hoja en blanco? Tengan cuidado con eso. No pueden dejar la hoja en blanco. Recuerden que aquí lo más importante no es le tema, no es la pregunta, sino que ellos quieren averiguar cómo te manejas con la escritura, que tanto conoces de la ortografía, si eres capaz de organizar tus ideas. Si tú no escribes nada, ¿cómo te van a calificar? Tienes que escribir. Es la única forma que ellos te puedan calificar. Una de las soluciones bajo esta situación sería escribir el porqué no te gusta coleccionar nada o inventar, partir por el supuesto de que en caso que tuvieras que coleccionar algo, coleccionarías, por ejemplo, pañuelos. De eso se trata, hay que ser flexible y adaptarse a las circunstancias. Nunca, nunca dejen la hoja en blanco. Si ya están trabajando en el Nivel 1 del Módulo de Gramática, les recomiendo que vayan a la Lección #5, allá hay un video titulado: "Cómo generar ideas". Donde enseño sobre lo mismo y allí se encontrarán con tres técnicas fáciles y sencillas que les ayudaran a crear nuevas ideas. También en el Libro de Ejercicios del Nivel 1 del Módulo de Gramática, el libro de la manzanita (el de color púrpura), también encontrarán una técnica similar a la que enseño acá.

Recuerden que si toman las clases online, los ebooks o libros digitales están incorporados en cada lección y los pueden descargar al computador. Pero si eres de esas personas como yo que le gusta tener el libro en sus manos, necesitan tocarlo, hojearlo, escribir sobre él, pueden encontrarlo en formato papel en Amazon digitando mi nombre (Maestra Ximena). También lo he visto en la plataforma eBay.

Perfecto chic@s! Espero que estos consejos les sirvan para evitar el síndrome de la hoja en blanco. Y lo más importante es la práctica. Tomen lápiz y papel y comiencen a escribir.

La creatividad es contagiosa. Pásala".

Albert Einstein

Un abrazo siempre virtual y nos vemos en un click.
Maestra Ximena

Notas del Blog:
*Si deseas escuchar este texto como podcast dale click a este enlace o anda a la pestaña de esta web www.gedfacil.com que dice "Podcast". También búscalo como **gedfacil** en Apple Podcasts (iTunes), Google Podcast, Spotify, Castbox, Podyssey, Listen Notes, iVoox o en tu podcast favorito.*
En Youtube, puedes accesar y subscribirte en nuestro canal gedfacil desde tu iphone haciendo click acá
*Si quieres tomar un curso **gratuito**, haz click al siguiente enlace y te llevará a nuestra aula virtual*

Episodio 18: ¡Mamá, no matricule a su hijo en las clases de GED®!

Publicado: Marzo 26, 2020.-
Tiempo de audio: 8 minutos.

Audio   Para accesar el audio con tu celular, escanea el código QR de la imagen.

Cuando tu hijo no quiere graduarse de High School

Es habitual que a fines de marzo, muchas mamás llaman a la academia, pidiendo información sobre clases de GED® para sus hijos. ¿La razón? Principalmente, se debe a que los han reunido en la escuela para decirle que su hij@ ya está grandecito y que puede decidir por sí mism@ si desea continuar en las clases o no. Obviamente, el chico o la chica le está yendo muy mal o, lo que es peor, no está ni yendo al aula. Finalmente, el personal de la escuela, ya no quiere perder el tiempo con este estudiante y no desea dramas a final del año. Saben que en dos meses el chico no será capaz de graduarse, a pesar, de todas las opciones que le dieron.

Entonces, vienen los apuros. La mamá o el papá ... o ambos, a pesar, que lo presentían hace mucho tiempo, aún guardaban una pequeña esperanza en lo recóndito de su corazón que su bebé, por algún milagro del espíritu santo, se graduara. Pero la cosa no es así, si nada ha hecho por tantos años, es casi imposible que toda la inteligencia, sapiencia o conocimiento le aflore en dos meses, aunque estemos en la era del salto cuántico :)

¿Por qué la escuela llama a los padres?

Normalmente, cuando se llama al chico/a y a sus padres en estas condiciones es porque ellos han venido arrastrando un comportamiento similar por años. Me explico, lo más probable es que el chico en su nivel *senior* (el último de *high school*) ya dejó de asistir a clases, tal vez el año anterior (*junior*) usaba una puerta de vaivén, o sea, iba y venía, quizás en *sophomore* asistía a clases, pero no participaba activamente y, es probable, sin temor a equivocarme, que en su primer período de *high school*, es decir, *freshman*, estaba porque estaba, porque tenía que estar. Aún no había encontrado la forma de escaparse de la clase. Aunque su espíritu rebelde le decía que saliera, todavía pesaba la autoridad del profesor, del padre o sus ganas de pertenecer al grupo, pero su mente "no estaba ni ahí" (como dicen los chicos en mi país).

¿Por qué no debiera matricularlo en clases para el GED®?

Así que, señora mamá, si Ud. o su marido no han logrado, en todos estos años, que su hijo esté ahí, en cuerpo y alma, es muy difícil lograr que asista a una clase de GED®, en donde las exigencias no se la impone la escuela, sino que cada estudiante con su propia motivación.

Las clases de GED® están orientadas para adultos, para gente que toma la decisión de asistir a clases por mutuo propio (bueno, en su mayoría). Si no viene a clases es por fuerza mayor, no porque quiere "irse de pinta". Si Ud. está pensando en el GED® como una tabla de salvación para su rebelde sin causa ¡Olvídelo!

Esto es como el drogadicto, solo él puede salir de la drogadicción, solo él puede tomar la decisión. Si no quiere, no lo hará. De la misma manera, el chico que quiere (o no quiere) estudiar. Por mucho que Ud. nos llame, le tenga toda la información y lo matricule, es decir, " le dé la papa pelá" ni aunque se lo ruegue, vendrá a estudiar.

Como siempre digo en mis clases:

"Yo no le puedo enseñar a quien no quiere aprender".

Mi recomendación es que no pierda su tiempo ni su dinero, déjelo por la paz (como dicen los colombianos).

Mejor aún, tome Ud. las clases de GED®, tal vez, al ver su ejemplo, lo incentive y cambie de actitud.

Como bien dice el dicho: "Practique con el ejemplo".

Bye, bye, braves

Notas del Blog:
El curso de Cómo hacer un ensayo lo encontrarás en esta aula virtual
Si necesitas ejercicios para mejorar tu lectura comprensiva, puedes encontrar el libro en Amazon aquí
*Si quieres tomar un curso **gratuito**, haz click al siguiente enlace y te llevará a nuestra aula virtual*

Episodio 19: ¿Cuál examen tomar: GED®, HiSET® o TASC®?

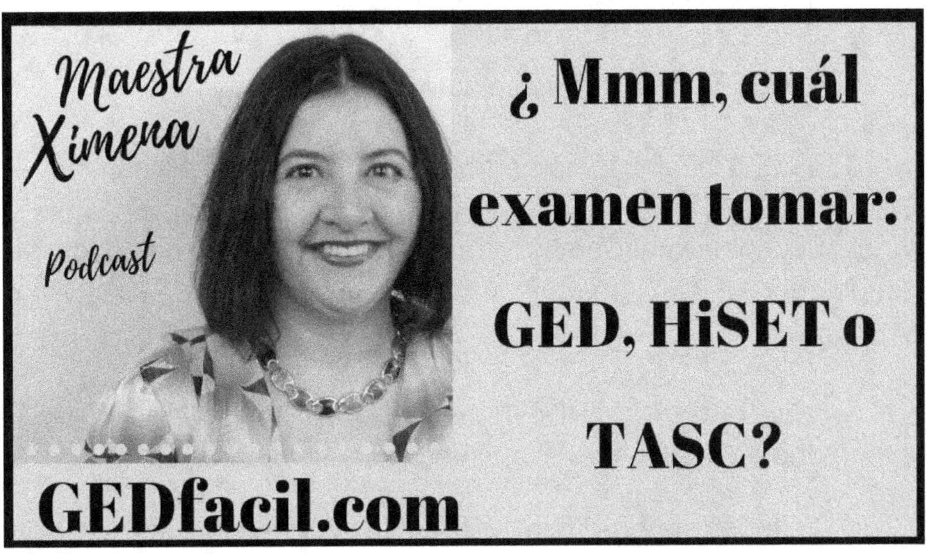

Publicado: Abril 7. 2020.-
Tiempo de audio: 9 minutos.

Audio   Para accesar el audio con tu celular, escanea el código QR de la imagen.

Exámenes alternativos

Existen dos exámenes alternativos al GED®: el **TASC**® y el **HiSET**®; pero el GED® es el examen más antiguo.

A partir del 2014, algunos **estados no aceptan el GED**® y ellos son: Indiana, Iowa, Lousiana, Tennessee, Maine, Missouri, Montana, New Hampshire, New York y West Virginia. El resto de los estados (40) acepta el GED® y muchos permiten que se tomen cualquiera de los tres.

<u>**Todos**</u> los exámenes se pueden tomar en **Español**.

En **New York solo aceptan el TASC**®.

El HiSET® es ofrecido solo en 23 estados.

El GED® debe tomarse solo en computador, en cambio, el TASC® y HiSET® se pueden tomar en computador o con lápiz y papel. Excepto New Jersey que exige que se tomen todos en computador (cualquiera que sea el examen: GED®, HISET® o TASC®).

Tanto el GED®*, HiSET® como el TASC® se deben tomar en persona en los centros examinadores autorizados.

De todos modos, cualquier examen que decidas tomar o cuál examen acepta tu estado, tienes que tener en cuenta que **todos miden exactamente lo mismo y con el mismo grado de exigencia** porque todos están alineados a los estándares de la Asociación de Educación Americana o Consejo Americano de Educación.

Por ejemplo, el GED® comprende 4 exámenes y el TASC® y HiSET® tienen 5 exámenes, la diferencia es que el TASC y el HiSET tienen separado los exámenes de Escritura y Lectura, en cambio, el GED®, en la última versión 2014, los unió en un solo examen llamado Razonamiento a través de las Artes del Lenguaje (RAL).

En todos los exámenes tendrás que escribir un ensayo argumentativo, todos miden comprensión de lectura y velocidad de lectura, por lo tanto, para cualquier examen que quieras tomar deberás aprender estrategias de lectura; y todos te exigirán leer y resolver problemas matemáticos.

El puntaje mínimo de aprobación para el TASC es de 500 puntos en cada examen de un máximo de 800 puntos; el puntaje mínimo de aprobación para el Hiset es de 45 de un total de 100; y el puntaje del GED® es de 145 puntos por examen de un máximo de 200 puntos por examen. En general, manejan rangos diferentes.

Algunos estados exigen que el estudiante sea residente del estado para que tome el examen. Un par de estados exigen que se tomen todas las pruebas de ese examen en un idioma, como es el caso de North Carolina; en cambio, en otros, se pueden mezclar. Uno que otro estado exige tomar clases antes de ir a tomar los exámenes oficiales, pero esa es una exigencia del estado y no de los centros examinadores, pero la mayoría no lo exige.

El costo de los exámenes también varía de estado en estado y de las veces que lo repitas. La tarifa por parte del GED® Testing Service es fija, pero la variación depende del monto que subsidia cada estado.

Cualquier examen que tomes, tienen la misma validez, esto quiere decir, que una universidad o empleador no puede rechazar uno de los exámenes a cambio de otro (aunque en ese estado no lo ofrezcan).

Averigua en tu estado cuáles son los exámenes que puedes tomar y los requisitos porque varía de estado en estado. Aquí te dejo el enlace a la web para que bajes la lista de los estados que ofrecen los distintos exámenes: www.gedfacil.com .

Si te registras para tomar el examen de GED® en el sitio oficial (www.ged.com) y creas tu cuenta en MyGED, al momento de ingresar tu código postal, te enviará un mensaje con los requisitos específicos de tu estado.

De todas maneras, cualquiera que sea el examen que vayas a tomar, las materias son las mismas y son las mismas materias que ofrecemos aquí en nuestras clases de GED®. Así, ya sea que tomes el GED®, HiSET® o TASC®, de igual forma te puedes preparar con nosotros.

Nos vemos en un click.

Maestra Ximena.

Episodio 20: Los 6 secretos para pasar Gramática.

Publicado: Abril 23, 2020.-
Tiempo de audio: 11 minutos.

Audio   Para accesar el audio con tu celular, escanea el código QR de la imagen.

Secreto 1.- Leer Comprensivamente.

Esto es la base de todo, no solo para tu examen de Gramática, sino que para el resto de los exámenes, incluyendo Matemáticas. Lee y lee mucho. ¿Qué leer? Bueno, lee lo que te guste, si te gusta el fútbol, lee sobre fútbol, si te gusta la cocina, lee sobre cocina. Pero lee. Es increíble la cantidad de gente que no sabe leer comprensivamente. Si no sabes leer con entendimiento es como leer una hoja en blanco. La lectura te ayudará a mejorar la ortografía, aunque no te sepas las reglas gramaticales. Un buen lector, por lo general, es un buen escritor, entonces, también será un buen soporte para escribir tu ensayo que viene en la segunda parte del examen RAL (Razonamiento a través de las Artes del Lenguaje).

Secreto 2.- Practica la lectura.

Mientras más practiques, más fácil se te hará. De allí que cada vez que un estudiante se registra en nuestras clases, lo primero que le pido es que elija un libro y comience a leer, de tal manera que cuando vaya a dar su examen, haya leído, al menos, 3 ó 4 libros.

Secreto 3.- Realiza una Lectura Activa.

¿Qué significa esto? Simplemente que uses algunas técnicas que te ayuden a retener lo leído, como por ejemplo: subrayar, remarcar, hacer dibujos, preguntarse a sí mismo: ¿Qué quieren decir con el texto? Comentarlo con alguien, relacionarlo con tu vida diaria o con experiencias pasadas. Una lectura comprensiva implica dos o tres lecturas activas.

Secreto 4.- Usa tu imaginación.

Muchos niños cuando comienzan a leer tienen el problema que solo se enfocan en las palabras y no en el contenido del texto, es decir, no lo miran como un todo y esa es la razón que se aburren al leer, desgraciadamente, esta predisposición a la lectura la van arrastrando por años hasta llegar a ser adultos. Para solucionar este problema, cada vez que leas una oración, debes parar la lectura e imaginarte como si fuera una película, debes pensar y cuestionarte qué está tratando de comunicar el autor. Este simple ejercicio es mucho más poderoso que ver una película, porque cuando vas al cine te lo dan todo procesado, te entregan las imágenes ya listas, en cambio, cuando estás leyendo, las imágenes deben venir a tu mente, lo cual hace de la lectura un ejercicio más enriquecedor porque conectas tus neuronas (las células del cerebro) de ambos hemisferios de tu cerebro y eso te permite retener, relacionar y resolver conflictos, lo que yo llamo: "Las 3 R de la lectura".

Secreto 5.- Amplía tu vocabulario.

Por vocabulario se entiende el significado de las palabras. Mientras más palabras conozcas, más fácil y fluida te resultará la lectura. Tal vez, tú dirás que no hay problema porque ya conoces el español, puede ser, pero a lo mejor no a nivel académico. Quizás conozcas palabras cotidianas, del diario vivir, las que empleas en tu casa o con tus amigos, pero recuerda que vas a ir al *college* y allá te exigirán un nivel de vocabulario un poco más elevado. ¿Cómo amplías tu vocabulario? Nuevamente lo digo: leyendo. Palabras que desconozcas búscalas en el diccionario, anota en un cuaderno su definición, construye una oración con ella para que la retengas en tu mente y encuentra sinónimos, es decir, palabras similares, así enriquecerás mucho más el espectro de palabras conocidas.

Secreto 6.- Practica la escritura.

Y aquí, no solo me refiero a que trates de digitar 35 a 40 palabras por minutos, eso también te ayuda, Pero, además, que a partir de un tópico, aprendas a crear argumentos y respaldarlos con evidencias. Aprendas a crear una introducción que enganche al lector, a desarrollar ideas y a generar conclusiones; todo esto es vital para que obtengas un buen puntaje en tu ensayo.

… y nos vemos en un click, Maestra Ximena

Notas del Blog:
El curso de Cómo hacer un ensayo lo encontrarás en esta aula virtual
Si necesitas ejercicios para mejorar tu lectura comprensiva, puedes adquirir el libro en Amazon aquí
*Si quieres tomar un curso **gratuito**, haz click al siguiente enlace y te llevará a nuestra aula virtual*

Episodio 21: Los 4 mitos del GED®.

Publicado: Mayo 5, 2020.-
Tiempo de audio: 10 minutos.

Audio   Para accesar el audio con tu celular,
escanea el código QR de la imagen.

Mito # 1.- El GED en español no es válido

¡Falso!

A través de la historia del GED, este se ha podido dar en 32 diferentes idiomas. La nueva versión 2014 fue lanzada al unísono en enero de 2014 en inglés y español. La razón de que el GED se puede dar en tantos idiomas es que no mide el manejo de inglés, sino que otras habilidades como: capacidad de relacionar causa-efecto, capacidad de inferir conclusiones, de extraer la idea principal, la capacidad de comparar y contrastar, entre otras habilidades.

Mito # 2.- El GED® es sumamente fácil, no necesitas prepararte.

¡Falso !

Ciertamente la versión anterior al 2014 medía niveles inferiores, es decir, solo se medía hasta el nivel 8. Por lo tanto, si alguien tomó el examen antes del 2014, probablemente tuvo que estudiar menos o muchas de las materias ya las recordaba. Pero a partir del 2014, se le agregaron los 4 años de *high school* que no tenía, por ende, ahora hay que prepararse mejor (especialmente aquellos estudiantes que no cursaron *high school*). En cualquier caso, el tiempo que te prepares depende de muchos factores: depende hasta que nivel llegaste en la escuela, depende qué tanto recuerdes de esa época, depende de las ganas que le eches, lo motivad@ que estés, las veces que veas los videos, la cantidad de ejercicios que hagas a partir del libro y, sobre todo, las veces que vengas a clases presenciales o si lo estás tomando en línea, la cantidad de horas que le dediques. Cualquiera de las formas en que estés tomando el estudio de tu GED®, de igual manera tienes que prepararte porque ella será el cemento con que pavimentes tu camino al éxito.

Mito # 3.- La nueva versión de GED® (2014) es imposible de pasar.

¡Falso!

Como decía en el mito anterior, si bien se le agregaron los 4 años de *high school* que antes no estaba incorporado, eso no significa que el GED® sea imposible pasarlo; con la debida preparación, sí lo puedes hacer. Tal vez te demores más en prepararte que con la versión anterior, pero sí lo puedes lograr. Lo bueno de esta exigencia es que ya sabes que estás list@ para ir al *college* porque el nuevo examen sí que está alineado a las exigencias del Departamento de Educación Americano (lo que no ocurría con las versiones anteriores) y cuando vayas a estudiar una carrera, no te encuentres con sorpresas. Además, tendrás la satisfacción de saber que estás al mismo nivel de un estudiante que salió del *high school.*

Mito #4.- Las matemáticas son solo para genios, a mí no se me dan.

¡Falso!

Las matemáticas como cualquier otra materia se debe aprender desde los más básico. El problema de la mayoría de la gente es que le tienen terror porque nunca lograron aprender. Pero el gran dilema de las matemáticas es que son acumulativas y si no se aprendió alguna materia es muy difícil avanzar a la siguiente. Por ejemplo, para dividir, ya tienes que saber sumar, restar y multiplicar. Si no se domina lo anterior, se va arrastrando esa laguna que queda en el aprendizaje y es difícil avanzar. Son como los juegos digitales que pasas al siguiente nivel siempre y cuando ya conozcas el camino y domines las habilidades para correr, saltar, arrancar, disparar o cualquier habilidad que te exige el juego. Y si te gustan los juegos digitales, yo estoy segura que no pasaste de un nivel a otro a la primera, sino que te tomó varias horas o días en dominar la técnica para pasar a la siguiente etapa. Es un reto que cuando lo logras dominar produce una gran satisfacción. Con las matemáticas pasa lo mismo: debes practicar para dominar las habilidades requeridas en ese nivel y cuando logres dominarlas, también te producirán una gran satisfacción.

Okay, ahora que hemos desmitificados estos 4 mitos, no te queda más remedio que estudiar

¡Sé tú nuestr@ próxim@ graduad@ !

Episodio 22: Los 5 secretos para pasar Matemáticas.

Publicado: Mayo 21, 2020.-
Tiempo de audio: 10 minutos.

Audio   Para accesar el audio con tu celular.
escanea el código QR de la imagen.

Secreto 1.- Mente abierta.

Debes estar con la mente abierta a aprender. Debes tener una mentalidad positiva, esto quiere decir, piensa que sí vas a aprender, que sí eres capaz, que nada es tan complicado. Si no estás con la mentalidad de que sí puedes, se te va a ser muy difícil, por eso yo siempre digo: "Yo no le puedo enseñar a quien no quiere aprender". Debes tener la fuerza de voluntad para que se te abra el camino al entendimiento. De ahí parte todo.

Secreto 2.- Aprender a leer comprensivamente.

Sí, aunque no lo creas, muchos estudiantes no pasan su examen de GED en la parte matemáticas porque no saben leer comprensivamente. Es por esa razón, que en nuestras clases de GED® iniciamos con el Módulo de Gramática donde enseñamos a leer comprensivamente. La lectura es esencial no solo para el examen de GED®, sino que es básico para cualquier cosa que realicemos en la vida. Se tiene la idea de que te van a poner un ejercicio de fracciones (o quebrados como algunos lo conocen) y tendrás que resolverlo. Pero el 98% de las preguntas de matemáticas para el GED® no se presentan así, sino que vienen problemas de planteo, esto quiere decir, que leerás una situación ficticia y debes aprender a rescatar los datos, encontrar las pistas para resolver la situación, detectar las fórmulas y procedimientos a aplicar, los cálculos a realizar y, finalmente, tener claro cuál es la pregunta que debes contestar.

Secreto 3.- Memorizar.

Probablemente muchos profesores no estarán de acuerdo conmigo, pero es la verdad, primero tenemos que recordar fórmulas y procedimientos para aplicarlos a un determinado problema, a una nueva situación. Así, como para aprender a leer, primero tuviste que memorizar las vocales, por ejemplo; en el caso de las matemáticas, primero debes memorizar las tablas de multiplicar o un determinado método para dividir. Recordemos que las fórmulas son una generalización de una situación que matemáticos hace cientos de años descubrieron, por ejemplo, cómo calcular la distancia de aquí a la Luna sin tener que viajar y, luego generaron una fórmula para que la aplicáramos a la mayoría de las situaciones similares. Nosotros no tenemos que inventar la rueda, las fórmulas ya están, lo que debemos aprender es a determinar qué fórmula se aplica para una determinada situación y qué procedimiento debemos llevar a cabo para lograr resolver el problema y obtener un resultado.

Secreto 4.- Ejercitar

Las matemáticas no se aprenden solo mirando ni solo leyendo. Las matemáticas se aprenden con lápiz y papel, es decir, haciendo ejercicios. Una vez que hayas visto el video de alguna materia, toma el libro de ejercicios y empieza a resolver los problemas que se plantean en cada lección.

Secreto 5.- Practicar, practicar y practicar

Para que sea fácil memorizar fórmulas y procedimientos debes practicar, es decir, hacer ejercicios (… y muchos), para que al presentarte un problema de planteo seas capaz de detectar inmediatamente qué fórmula utilizar y qué procedimiento a seguir. Ten en cuenta que, en promedio, tendrás 3 minutos y medio por ejercicio, esto quiere decir, que en 3 minutos deberás leer el problema, entenderlo, rescatar los datos, encontrar la fórmula correcta, aplicar el procedimiento, hacer los cálculos correspondientes y encontrar el resultado. ¡En tan solo 3 minutos! Por eso la importancia de practicar porque la práctica te dará la velocidad: la velocidad de leer, pensar y aplicar.

… y nos vemos en un click,

Maestra Ximena

Episodio 23: ¿Por qué es necesario aprender a escribir un ensayo?

Publicado: Junio 4, 2020.-
Tiempo de audio: 11 minutos.

<u>Audio</u>   Para accesar el audio con tu celular, escanea el código QR de la imagen.

Cuando me vine a los Estados Unidos, mi único objetivo era sacar mi *master*, quería obtener un MBA, un Master Business Administration. Empecé a buscar universidades. Recuerdo que a la primera universidad que llegué fue a Denver University. Estaban organizando una feria para entregar información sobre el tema y lo primero que me pidieron fue presentarles un ensayo. Seguí averiguando otras instituciones y todas tenían algo en común: todas me pedían ... ¿adivinaron qué?

(Polito) – ¡El ensayo, Maestra, el ensayo, el ensayo!

Sí. Exactamente, el ensayo, Polito. Todas me pedían que escribiera un ensayo del porqué quiero sacar mi MBA. Y yo me preguntaba: ¡Qué cosa tan absurda! ¿Cómo y por qué quiero sacar mi MBA? Lo quiero para tener un mejor currículum o résume como le llaman acá. Para obtener un mayor grado académico. Para tener más prestigio como profesional y para ganar más dinero. Y me tiraba los pelos porque no concebía que me estuvieran haciendo esa pregunta. Cuando empecé a estudiar para mejorar mi inglés, ingresé a UCD (University of Colorado at Denver), y recién me di cuenta que lo importante no era la pregunta. En realidad, la pregunta daba lo mismo, lo que ellos querían saber era cómo me manejaba con el lenguaje. La primera vez que postulé o apliqué a Regis University ¡Sí, chicos! dije la primera vez, porque a Regis postulé tres veces. De hecho postulé a 7 diferentes escuelas para tratar de ingresar a mi *master*. Bueno, como decía, cuando postulé la primera vez, presenté mi ensayo, me lo devolvieron todo rayado con una nota de la consejera diciendo que me recomendaba primero que todo que tomara clases de writing (escritura), Writing 101. Este es el curso básico de escritura que toman todos los chicos que van al "college" o a la universidad. Y así lo hice. ¿Qué es lo que aprendí en esas clases? Simplemente, todo lo que les enseño en el nivel 1 y nivel 3 del Módulo de Gramática de las clases de GED®. Por fin, entendí la importancia de hacer un buen ensayo.

Lo primero y lo más importante y que envuelve todos los demás conceptos que voy a detallar a continuación es la **comunicación**. En especial, la comunicación escrita es la única habilidad que tienen solo los seres humanos, ningún otro mamífero. Otras especies como aves y peces se pueden comunicar, pero no de manera escrita. Ellos utilizan un lenguaje verbal o gestual. En este planeta, somos los únicos que usamos el lenguaje escrito. ¿Seres de otros planetas? ¿Los extraterrestres? Quizás. No me consta. Pero de acuerdo a algunos testigos que han logrado tener contacto, comentan que su comunicación con esos seres de otros planetas ha sido telepáticamente, es decir, leyendo la mente. Por lo tanto, aparentemente, seguimos siendo los únicos en utilizar un lenguaje escrito.

La comunicación, ya sea, verbal o escrita, nos permite tener buenas relaciones con nuestros congéneres. Muchas veces las parejas se divorcian porque no hay una buena comunicación entre ellos o es inexistente. Llegan a viejos sin tener nada que decirse. ¡Qué triste!

Cuántas veces has tenido problemas con tus hijos por falta de comunicación. Porque pertenecen a una generación a la cual tú no puedes llegar. Desconoces su jerga o, simplemente, te es imposible accesar su mundo. Eres incapaz de expresar tus sentimiento. No sabes cómo iniciar una conversación o eres incapaz de explicarle el porqué no quieres que fume, el porqué la droga es peligrosa o no quieres que se junte con alguno de sus amiguitos. Una buena comunicación puede unir a una familia y, al revés,una mala comunicación, puede destruirla. Cuántas peleas se han iniciado por un malentendido o por una falta de expresión verbal. ¿Cuántas guerras entre países porque no se conversó el conflicto y por la falta de voluntad de llegar a un acuerdo? ¿De sentarse en la mesa de negociaciones? De ahí chicos, la importancia de aprender a escribir un ensayo. Como lo dije anteriormente, da lo mismo lo que me pregunten, lo importante es cómo soy capaz de organizar un escrito, cómo presento el tópico, cómo creo argumentos, cómo los respaldo con evidencias.

Muchas veces en nuestra vida diaria queremos convencer a alguien que tenemos la razón, pero somos incapaces de persuadir a la persona con argumentos contundentes, con evidencias válidas, etc. Queremos que esté de nuestro lado, pero no le podemos imponer nuestras ideas con un: "Porque yo lo digo", "Porque así lo quiero". "Porque a mí me gusta". Esos no son argumentos. Eso más parece un capricho.

Recuerdo que en una oportunidad tenía una estudiante, a pesar de que español era su primera lengua, se había educado desde *Middle School* en los Estados Unidos. Pero, según ella, se sentía más confortable con el inglés y prefería tomar el examen en ese idioma. Entonces, le dije: "No hay problema. Haz tu ensayo en inglés y yo te lo corrijo". Cuando me entregó su documento, quedé sorprendida con la redacción. En las dos páginas solo había usado un solo verbo, el verbo "Like": "I like this". "I like that". "I do not like". Creo que en inglés existen muchos más verbos que solo el verbo "Like". Utilizar un solo verbo demuestra, no solo la falta de argumentación, sino que también una gran pobreza de vocabulario.

(Polito) – Maestra, Maestra, pero eso es una gran hazaña. Poder hacer un ensayo con un solo verbo eso es mucho más difícil.
(Maestra) – ¡Buena, Polito! Me gustó tu argumento.

A lo que voy con este ejemplo es que no podemos persuadir a alguien que tome nuestra posición diciendo solamente este verbo: "Me gusta".

El hecho que aprendas a escribir un buen ensayo, no solo te ayuda para la comunicación y la persuación, sino que, adicionalmente, desarrollas tu creatividad.

Normalmente, la gente que da un discurso, lo primero que hace es escribirlo. Porque, en el fondo, un discurso es un ensayo oral. Donde, también, debes organizar tus ideas, presentarlas ante una audiencia y terminar con una buena conclusión. Hay discursos que han pasado a la historia como el discurso de Martin Luther King, John F. Kennedy, Steve Jobs (por nombrar uno más reciente).

En el Módulo de Estudios Sociales, revisaremos varios de los Grandes Discursos Americanos, palabras que han dejado huella en nuestra historia.

En síntesis, ¿por qué es necesario aprender a escribir un ensayo? Porque el ensayo te ayuda a comunicar tus ideas en forma clara, concisa, precisa y fluida.

Hasta la vista mis estimad@s.

Maestra Ximena

Notas del Blog:

Si deseas escuchar este texto como podcast anda a la pestaña de esta web *que dice "Podcast". También búscalo como* **gedfacil** *en Apple Podcasts (iTunes), Amazon Echo, Blubrryo, Castbox, Deezer, Google Podcast, Hubhopper, iHeartRadio, iVoox, Listen Notes,Podchaser,Podyssey, RadioPublic, Spreaker, Spotify, Tuneln en tu podcast favorito.*

En Youtube, puedes accesar y subscribirte en nuestro canal gedfacil desde tu iphone haciendo click acá

El libro Los 7 Secretos para tener éxito en mi GED y los Libros de Ejercicios para el GED los encuentras en Amazon digitando "Maestra Ximena" o en este enlace

El curso de Cómo hacer un ensayo lo encontrarás en esta aula virtual

Si necesitas ejercicios para mejorar tu lectura comprensiva, puedes encontrar el libro en Amazon aquí

Si quieres tomar un curso **gratuito***, haz click al siguiente enlace y te llevará a nuestra aula virtual*

Episodio 24: ¿Clases de pago o clases gratis?

Publicado: Junio 23, 2020.-
Tiempo de audio: 13 minutos.

Audio   Para accesar el audio con tu celular, escanea el código QR de la imagen.

Ya lo he dicho en otro episodio: que cuando un potencial estudiante me llama y me hace preguntas, hay dos preguntas que me molestan mucho. La primera es: "¿Y Ud. me garantiza que yo apruebe el GED®? Y que ya lo traté en un episodio anterior. Ahora voy a tratar la segunda pregunta que normalmente me hacen: "¿El curso es gratis?".

La razón que me molesta es porque siento que la persona tiene tan baja autoestima que piensa que no se merece algo mejor. No se merece más que migajas. Exacto, Si estás pidiendo algo gratis, eso es caridad. Y debes atenerte a las consecuencias. ¿Qué significa eso? Significa que no puedes exigir.

(Polito) – Maestra, como bien dice el dicho: "A caballo regalado, no se le mira el diente".
(Maestra) - Correcto, Polito.
Yo empecé dando clases en iglesias y las estuve dando en 7 iglesias al unísono.
(Polito) – Sí, yo me acuerdo, Maestra. Ud. parecía San Pedro, con las llaves, con el llavero lleno de llaves de las iglesias donde íbamos; como las llaves del reino.
(Maestra) – Claro, Polito. ¿Te acuerdas, no?
Y dejé de darlas ahí por dos razones: porque la gente esperaba que se los diera gratis, primera cosa. Pero lo paradojal de la situación es que cuando las daba gratis partía con 40 ó 50 estudiantes y ¿saben con cuánta gente terminaba?
(Polito) – ¿Mmmm? Con unos cinco, yo creo.
(Maestra) – No, Polito. Quedaste corto. Con ninguno.
(Arti) – ¡Oh, Maestra!   ¿Y sabe por qué?
(Maestra) – Sí, Arti. Uno de los mismos alumnos me dio la respuesta . Recuerdo que fue el único que apareció en una de las clase. Yo le dije que estaba bastante decepcionada que no viniera la gente. Y el chico me dijo: ¿Sabe Maestra por qué? Porque el curso es gratis. No les cuesta nada, y como no pierden nada prefieren irse a los bailes.
Entonces, le pregunté: " Me quieres decir que ellos preferirían pagar por las clases?"
Bueno, Maestra – me dijo – por lo menos, lo van a tomar más en serio.
 ¿Y saben lo que hice?
(Polito) – ¿Qué, Maestra?
(Maestra) – Empecé a cobrar. Y cada vez que le agregaba una herramienta más como libros, juegos, videos , etc. le subía el precio porque cada una de esas herramientas tiene un costo involucrado. Hacer un video, hacer un libro toma tiempo y es caro.
¿Y sabe lo que me empezó a pasar?

(Polito) – Seguro que no vino nadie, Maestra.

(Maestra) – No Polito, eso permitió que hubiera un filtro mayor. Yo no bajaba la calidad de enseñanza. Porque fuera gratis o caro, enseño igual, pero al incorporar herramientas de ayuda para su aprendizaje implica un gasto que mucha gente lo aprecia, es decir, había y hay gente dispuesta a pagar por la calidad. El que no está dispuesto a pagar por calidad, desaparece, no llega a mis clases.

Porque cuando ofrecía las clases gratis iban a ver qué tal eran las clases, si les iba a servir o no, iban a vitrinear, a mirar vidrieras como si fueran a ver mercadería en una tienda; y esa gente desapareció o no llega ese tipo de gente. Ahora, a mis clase, solo llega la gente que se siente involucrada en su proceso de aprendizaje.

La otra razón del porqué dejé de darlas en algunas iglesias, digo algunas y no todas, es que cada vez que comenzaba a dar clases me decían que los hispanos tenían que entrar por la puerta de atrás. Me daba tanta rabia como si fueramos ciudadanos de segunda o tercera clase. No se nos permitía entrar por la puerta principal.

Por esa misma razón, cuando hago las graduaciones, elijo lugares elegantes como es el Museo de Historia para que mis estudiantes se sientan orgullosos de sus logros y sientan que la situación lo amerita; aunque nunca más vayan a entrar a ese lugar. Pero, por lo menos, cada vez que pasen por allí tengan el bonito recuerdo de su ceremonia de graduación del GED®.

Chico, chica si tú piensas que no te mereces algo mejor que un cursillo gratis no esperes progresar. Tienen que mirar la educación en términos de inversión.

En mi país, los mejores colegios, escuelas o instituciones educacionales son las más caras porque el prestigio vale dinero.

Aquí en los EEUU, es lo mismo. Standford University, Harvard. MIT, Regis University, Denver University son instituciones de mucho prestigio y de muy alto precio. Los padres hacen grandes esfuerzos para enviar a sus hijos a las mejores universidades, porque saben que saliendo de esas universidades es mucho más fácil encontrar trabajo. De hecho, las misma empresas empiezan a reclutar a los estudiantes antes que se gradúen.

Conozco el caso de una muy amiga mía que su hijo se ganó una beca para ir a Stanford University. Mientras cursaba su último año, estaba trabajando en un proyecto de robótica para la NASA. Hace unos meses me encontré con él y me contó que ya había terminado la universidad, se había graduado y me dice que ahora estaba trabajando para Google. Uds. saben que una de las empresas tecnológicas más grande del mundo es Google.

Como ven, las empresas prestigiosas buscan a sus nuevos empleados en centros educacionales de prestigio. Y estas escuelas y universidades se han mantenido en el tiempo y han invertido para tener renombre y ser instituciones confiables.

Todo proyecto debe sustentarse en el tiempo y la única forma que se mantenga es generando ingresos.

Si un curso no genera ingresos, entonces, es un hobby y si solo es un pasatiempo, lo haces cuando quieres, grabas videos cuando te dé la gana, escribes un blog o grabas un podcast cuando tengas un espacio libre, das las clases cuando puedes, y en fin, lo tomas como una entretención y no lo tomas con seriedad.

¿Cuál es el riesgo que corres tú como estudiante?

Primero, que la persona se aburra, ya sea, de hacer videos o de ir a darte la clase, que la persona se ocupe en otro hobby, en un nuevo proyecto o comience a trabajar y te deje a medias con tus estudios.

Otro de los grandes riesgos es que "el profesor" no se prepare a conciencia y solo te va a dar lo que él o ella sabe. Si necesita prepararse más para darte una clase más actualizada o de mayor calidad, no va a dedicarle tiempo a entrenarse o actualizarse porque es algo que realiza en forma voluntaria y temporal.

También, el riesgo para ti es que no va a buscar más herramientas que ayuden a prepararte. Otro riesgo para estos supuestos profesores es que no va a buscar más herramientas que te ayuden a aprender. Solo basará la enseñanza de la forma más simple y más barata que es ponerse frente a una pizarra o frente a una cámara. No estudiar qué es mejor o cómo enseñarte una materia primero que otra, es decir, no creará una malla curricular. No buscará las mejores maneras de enseñarte ni va a tener interés en encontrar la mejor forma en la cual tú aprendes.

Por supuesto, estar en un lugar donde tratan de darte las mayores herramientas posibles y las más actualizadas, siempre será mejor, pero si nada te cuesta, nada valoras y si nada te cobran, nada puedes exigir.

Por eso, yo siempre digo: si quieres caridad anda donde te den las clases gratis. Pero si quieres calidad ven conmigo.

Aquí encontrarás una metodología consistente, una malla curricular acorde a tus necesidades, encontrarás herramientas, consejos y sobre todo, seriedad en los resultados. Cosas que no encontrarás en ninguna otra escuela de GED®.

Así que si buscas una clase de GED® gratis, piénsalo dos veces porque probablemente no estarás desembolsando nada de tu bolsillo, ningún dinero, pero hay una pérdida que es mucho mayor para ti y es irrecuperable: tu tiempo, perderás tu tiempo y el tiempo no se recupera.

(Polito) - Maestra, como dice el dicho: "El tiempo es oro".

Conclusión

El objetivo del podcast fue ayudar a las personas que estaban tomando las clases de GED® en modo presencial, de tal manera que recibieran en sus casas consejos que no alcanzaba a darles en la clase. Pero, también, ha servido para atraer más gente a la academia y, sobre todo, a recuperar a aquellas que por cualquier motivo, habían abandonado las clases.

Mi meta es superar las clases presenciales. Si ya he logrado que casi 1,000 estudiantes obtengan su GED®, con ayuda de la tecnología, espero que esto se multiplique exponencialmente con las clases online. Por mi parte estoy haciendo todo lo posible. He estado creando bastante material para ayudarlos.

Yo sé que mis expectativas son altas, especialmente porque hay tanta gente que sueña con dar un salto cuántico, pero sin hacer ningún esfuerzo, como bien lo digo en un video: "No esperen que yo saque una varita mágica y Uds. aprendan 12 años de escuela en 10 días. Eso es imposible". Principalmente, porque tienen que dedicarle tiempo y esfuerzo.

Una de las preguntas más frecuentes es: "¿Y cuánto me demoraré en sacar mi GED®?" Bueno, eso es relativo, depende de ti y de muchos factores: hasta qué nivel llegaste, cuánto te acuerdas, tus habilidades, pero sobre todo, de tu constancia y el tiempo que le dediques al estudio. He tenido estudiantes que se han demorado 6 meses y estudiantes que se han demorado 3 años. Lo único que te puedo decir es que mientras más luego comiences, más luego terminas (obvio... ¿No?)

Tú no puedes sol@ (por eso estoy aquí),
pero nadie puede hacerlo por ti.

Bucle de Los 7 secretos para tener éxito en mi GED®

Motivarse · Involucrarse · Arriesgarse · Disciplinarse · Concentrarse · Resistirse · Evaluarse

Retroalimentación

La imaginación es el principio de la creación.

Imaginas lo que deseas, persigues lo que imaginas y finalmente, creas lo que persigues.

George Bernard Shaw

Notas de los blogs (URL)

Los libros de Ejercicios Módulo Gramática y el Libro "Los 7 Secretos para tener éxito en mi GED®" se encuentran en formato digital y en formato papel en Amazon.com digitando Maestra Ximena o esta url:
https://www.amazon.com/author/ximenathurman

Darren Hardy, El Efecto Compuesto , lo encuentras en este enlace a Amazon
https://www.amazon.com/Efecto-Compuesto-Compound-Effect-Spanish/dp/8393222249

Curso Cómo hacer un ensayo básico (Módulo Gramática Nivel 1)
https://gedfacil.teachable.com/courses/modulo-gramatica-nivel-1

Curso Reglas Gramaticales para el GED (Módulo Gramática Nivel 2)
https://gedfacil.teachable.com/courses/modulo-gramatica-nivel-2

Curso Cómo hacer un ensayo argumentativo (Módulo Gramática Nivel 3)
https://gedfacil.teachable.com/courses/modulo-gramatica-nivel-3

Curso de Comprensión de Lectura (Módulo Gramática Nivel 4)
https://gedfacil.teachable.com/courses/modulo-gramatica-nivel-4

Gratis formularios de Los 7 Secretos para tener éxito en mi GED en *www.gedfacil.com*
Cursos gratuito en el aula virtual:
https://gedfacil.teachable.com/p/como-seguir-tus-estudios-en-los-ee-uu-o-canada-para-progresar-en-este-pais-ged
https://gedfacil.teachable.com/p/como-puedo-sacar-mi-ged

BLOG: Artículos con consejos para estudiar y noticias sobre el test de GED®
Por favor, visita el blog https://gedfacil.com/blog
PODCAST "GEDfacil" https://gedfacil.libsyn.com (*También búscalo como* **gedfacil** *en Apple Podcasts (iTunes), Amazon Echo, Blubrryo, Castbox, Deezer, Google Podcast, Hubhopper, iHeartRadio, iVoox, Listen Notes,Podchaser,Podyssey, RadioPublic, Spreaker, Spotify, Tuneln o en tu podcast favorito*).
REDES SOCIALES
Youtube desde el iphone https://youtube.com/c/GEDFACIL.COM
o desde tu computador, ingresa a Youtube y busca gedfacil.com
TikTok: Para consejos rápidos, cortos y gratis en www.TikTok.com y búscanos como @gedfacil o click a https://vm.tiktok.com/ZMedYrt6T
Facebook e **Instagram** como MaestraXimena ; **Twitter** como AntarticAcademy

Otros libros publicados en Amazon

Colección Preparación para el GED®
(versión digital e impresa)

Los 7 Secretos para tener éxito en mi GED®

Los 7 Secretos para tener éxito en mi GED® (Formularios)

Tutorial Tecnológico 1– Ejercicios para dominar el
 teclado.

Artes del Lenguaje – Nivel 1: Cómo crear y escribir un ensayo
básico - Ejercicios

Artes del Lenguaje – Nivel 2: Reglas gramaticales -
Ejercicios

Artes del Lenguaje – Nivel 3: Cómo leer y crear un
 ensayo argumentativo - Ejercicios

Artes del Lenguaje – Nivel 4: Comprensión de Lectura- Ejercicios

Guía para el profesor de Artes del Lenguaje (Material didáctico
para manejar las clases de GED®)

Examen de Práctica1 para Gramática (Parte I y III)

Examen de Práctica2 para Gramática (Parte II- El Ensayo)

Material adicional para las clases de GED®

- ✓ 350 videos para las clases de GED®
- ✓ 300 *quizzes*
- ✓ Exámenes por nivel
- ✓ Exámenes de práctica por módulo
- ✓ Tarjetas relámpagos (*Flashcards*) para cada materia del GED®
  (impresas y digitales)
- ✓ Juegos didácticos digitales, canciones, rimas, palabras cruzadas...
- ✓ Video-clips con canciones y juegos.
- ✓ **gedfacil.com** foro privado en Facebook y en nuestra plataforma
  privada
- ✓ **gedfacil.tv** (canal de Youtube) con videos de preguntas
  frecuentes, tips, recomendaciones de libros, etc.

Para adquirir los libros, visita Amazon o nuestra web:
www.gedfacil.com
Para contactarnos por licencias de las clases:
P.O.Box 472974. Aurora, Colorado 80047 (USA)
AntarticAcademy@gmail.com
1-720-982-0428

Textos y metodología
Ximena Thurman
Artista Visual
Carolina Cornejo

Publicado por

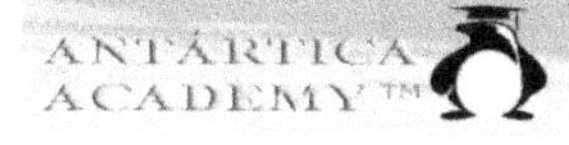